中小学传统文化必读经典丛书

老 子

陆玉林 编著

中华书局

图书在版编目（CIP）数据

老子 / 陆玉林编著. —北京 ：中华书局，2017.1
（2018.1重印）
（中小学传统文化必读经典）
ISBN 978-7-101-12292-3

Ⅰ . 老⋯　Ⅱ . 陆⋯　Ⅲ . ① 道家 ②《道德经》—
青少年读物　Ⅳ . B223.1-49

中国版本图书馆 CIP 数据核字（2016）第 280511 号

书　　名	老　子
编 著 者	陆玉林
丛 书 名	中小学传统文化必读经典
责任编辑	董邦冠
出版发行	中华书局
	（北京市丰台区太平桥西里 38 号 100073）
	http://www.zhbc.com.cn
	E-mail:zhbc@zhbc.com.cn
印　　刷	中煤（北京）印务有限公司
版　　次	2017 年 1 月北京第 1 版
	2018 年 1 月北京第 2 次印刷
规　　格	开本 / 880×1230 毫米　1/32
	印张 5.5　插页 2　字数 60 千字
印　　数	5001-10000 册
国际书号	ISBN 978-7-101-12292-3
定　　价	15.00 元

致敬经典，亲近经典

中华传统文化经典著作历久弥新，就像岁月打磨的一颗颗光亮的钻石，等待我们去探索其中的奥秘。经过几千年的积累，传统文化经典著作浩如烟海，那么，对于中小学生来说，哪些是现阶段"必读"的，哪些是可以暂时放一放，留待以后再读的呢？为此，我们根据教育部颁布的《完善中华优秀传统文化教育指导纲要》对中小学生阅读传统文化经典著作的指导精神，参考《义务教育语文课程标准》和《全日制普通高中语文课程标准》关于传统文化的推荐阅读书目，并结合小学、初中和高中教材以及中高考涉及的传统文化著作，编辑了这套"中小学传统文化必读经典"丛书。具体来说，丛书又可分为以下几组"必读"小系列：

必读故事经典：《中华成语故事》《中华神话故事》《中华历史故事》《中华民间故事》

必读蒙学经典：《三字经 百家姓 千字文 弟子规》《声律启蒙》《笠翁对韵》《增广贤文》《幼学琼林》

必读思想经典：《论语》《孟子》《大学 中庸》《老子》《庄子》

必读历史经典：《史记》《战国策》

必读古诗经典：《诗经》《唐诗三百首》《宋词三百首》《千家诗》

必读古文经典：《古文观止》《世说新语》

必读小说经典：《西游记》《水浒传》《三国演义》《红楼梦》

以上几组"必读"经典，收录了中华传统文化著作中的"最经典"，涵盖了思想、历史、文学、语言文字等多个领域，对于中小学生来说已经是"蔚为大观"了。

考虑到不同学段以及经典本身的内容特点，丛书在体例上不求统一。如"必读故事经典"，在保留故事精髓的前提下，改编为更适合小学生阅读的内容，并且在故事后附经典原文，链接相关故事或知识。"必读蒙学经典"，添加了拼音、注释、译文和解读，方便小学生诵读和理解。"必读小说经典"，对书中不易理解的字词进行了注释，使读者能够无障碍阅读。其他系列的经典则根据情况，有的收录原著全文，有的选录最经典的章节或篇目，主体内容包括正文、注释、译文和解读四个部分。所有经典原文，皆选用中华书局的权威版本作为底本，注释精准，讲解深入浅出，充分考虑中小学生的阅读实际。在尊重前人研究成果的基础上，也适当阐发新思路、新观点，激发中小学生的探索、求知欲望。每本书的最后，设置了独特的"阅读方案"，有的对经典的内容进一步讲解和拓展，有的对经典的思想内涵进行深刻阐述，有的对如何阅读经典给予阅读指导，有的梳理了与经典相关的知识或趣闻……总之，我们希望提供一套真正适合中小学生阅读的传统文化经典读本，让中小学生读得懂，读得有收获，读得有趣味，对经典既存有崇高的敬意，又不敬而远之，而是乐于亲近经典，体会到与经典相伴的快乐。

本套丛书由富有研究成果的专家学者和教学经验丰富的一线教师，根据中小学生的阅读需求协力编写而成。在此向所有参与编写的人员表示衷心感谢。

书和读书人是一个永恒的命题。少年时代正是读书的好时候。少年读书有着自身的特点，古人有一个形象的说法：少年读书，如隙中窥月。这是由少年的阅历所限。我们也许不能拓宽这个小小的缝隙，但我们可以在这一隙之外，为读书的少年拂去眼前的云雾，展现书海中的明月和几颗灿烂的星。

中华书局编辑部

目　录

阅读（备考）方案

常道无名

道可道①，非常道②；名可名③，非常名④。

（一章）

〔注释〕

①道可道：前一个"道"是指道理，后一个"道"是指言说，作动词用。

②常道：浑然一体、永恒存在、运动不息的大道。

③名可名：前一个"名"是指具体事物之名，后一个"名"是称谓的意思，作动词用。

④常名：浑然一体、永恒存在、运动不息的道之名。

〔译文〕

可以用语言表述的道，就不是恒常之道；可以讲出来的名，就不是真常之名。

〔解读〕

在中国古代哲学家中，老子率先把"道"作为哲学上的范畴加以多

方面的论述。老子所讲的"道",大约有这样几层意思：宇宙的本体、支配万物或万物运动变化的规律、人类行为的准则。就"道"与语言的关系而言，语言不能传达"道"的真谛，"道"也不能用语言来说。既然"道"不可说，那么对不可说的东西就应保持沉默。老子深知沉默的重要和必要，再三地讲圣人"不言""希言"，然而他并没有沉默，原因可能在于他还有一颗济世之心，希望人们体悟"道"、领会"道"，而信奉"道"；也可能如当代哲学家冯友兰讲的"人必须先说很多话然后保持静默"。那么，人又怎么去说不可说的东西呢？按照老子的策略，就是不用逻辑的语言去说，或者采用否定式的陈述。

善恶相生

　　天下皆知美之为美，斯恶已^①；皆知善之为善，斯不善已。

（二章）

〔注释〕

①恶：丑。　已：通"矣"。

〔译文〕

　　天下都知道美之所以为美，就显露出丑了；都知道善之所以为善，就显露出不善了。

〔解读〕

　　美丑、善恶之类的东西确实是相对而言的，没有美也就没有丑，没有善也就没有恶。人们将某种东西视为善的时候，潜在的就有一个衡量善恶的标准，然后拿这个标准去判断什么是善、什么是恶。这样一来，可能会带来双重的恶，或是将某种东西或行为贴上恶的标签，或是追求善行而带来恶。

无为安民

圣人处无为之事①，行不言之教②。万物作而弗始③，生而弗有④，为而弗恃⑤，功成而弗居⑥。夫唯弗居，是以不去⑦。

（二章）

〔注释〕

①圣人：体任自然，拓展内在生命世界的道家理想人物。 无为：不妄为，顺其自然。

②不言：不发号施令。

③作：兴起。 弗：不。 始：干涉。

④有：占有。

⑤恃（shì）：倚仗。

⑥居：当，据。

⑦去：离。与"居"相对。

〔译文〕

有道之人以"无为"的态度来处理事务，实行"不言"的教化。万物兴起而不干涉，生养万物而不据为己有，化育万物而不自恃己能，功成事就而不居其功。正因为不居其功，所以他的功绩不会泯没。

〔解读〕

"无为"是老子思想的核心观念之一。对这个问题，不同时代、不同的人有不同的解释。按照庄子的说法，无为就是顺应自然，就是什么也不做。在汉代，人们把无为解释成君王无为而臣下有为，或者是"顺势而为"。在现代，无为或被理解成什么也不做，或被解释为遵循自然规律，或被理解成不妄为，或被解释为一种反常规的"为"。各种解释都有它的道理，也都很难说是符合老子的本意。折中来看，或许把无为解释成"不妄为"或顺应自然而动更能为人所接受。不妄为或顺应自然，就是要求人们不要有太多的欲求，不要勉强去做。在日常生活中，这种态度能让人保持一种平和的心态。

不尚贤①，使民不争；不贵难得之货②，使民不为盗；不见可欲③，使民心不乱。

(三章)

〔注释〕

①贤：贤能之人。

②贵：珍视，以……为贵。

③见：同"现"，显耀。　可欲：贪欲之物。

〔译文〕

不崇尚贤能，使民众不争求功名；不珍视难得的财货，使民众不做盗贼；不显耀可求得的东西，使民众的心思不惑乱。

〔解读〕

从哲学层面上看，老子这段话讲的道理和善恶相生一样，只是更加贴近现实，可以看作是老子的政治论和生活观。人们常用金钱、地位和名声来衡量一个人是否成功。社会上的纷争、黑暗，人与人之间的勾心斗角、相互倾轧也都因这些东西而起。其实，人在争这些东西的时候，也都迷失了本性，丧失了人的价值。然而，如果没有这些东西，人的价值又何在呢？这也是身陷其中的人百思不得其解的问题。追求金钱的人如此，求名、求权的人也一样。不可否认，在权、名、钱之外，有更高的价值存在，正是这些价值的存在，才使人类社会的发展不至于太偏离人性的轨道。老子看到的是贤名、财货、权力等带来的现实问题。

持虚守静

道冲①，而用之或不盈②。渊兮③，似万物之宗；湛兮④，似或存。吾不知谁之子，象帝之先⑤。

（四章）

〔注释〕

①冲：空虚。

②盈：充实，盈满。

③渊：深邃。

④湛：深沉。

⑤象：好像。 帝：天帝。

〔译文〕

道体虚空，然而作用却没有穷尽。渊深啊，像是万物的宗主；幽隐啊，似无而又实存。我不知道它是从哪里产生的，似乎在有天帝之前就存在。

〔解读〕

　　老子虽然认为道不能用语言来描述，但《老子》中直接讲道的地方也有不少。老子在谈论道的时候，大都用的是形象化的、模糊的语言，如"似""象"之类；有时也用肯定的陈述，如"道生一，一生二，二生三，三生万物"，"道者，万物之奥"。不管用什么样的语言，有一点是可以肯定的，就是老子认为道是万物的根本，是创造者而不是被创造者，是"母"而不是"子"。道作为创造者，与此前所讲的"天""帝"以及某些宗教所讲的神与上帝之类不同，它不是人格神，更不是有意识地去创造。因此，万物虽然都由道而生，而道并没有创生万物，也可以说万物都是自然产生的。正是因为道的这种特性，所以得道的人也不去创造什么，也不有意去做什么。他对待万物，就像镜子一样，万物都在镜子里来来往往，而镜子却没有留下任何东西。

　　天地不仁，以万物为刍狗①；圣人不仁，以百姓为刍狗。

（五章）

〔注释〕

①刍（chú）狗：用草扎成的狗，祭祀时用。

〔译文〕

天地无所偏私，把万物像刍狗一样对待，任凭其自然生长；圣人无所偏爱，把百姓像刍狗一样对待，任凭其自作自息。

〔解读〕

人们用草扎成狗的形状，祭祀的时候装饰得很漂亮，用完就扔掉，毫不爱惜。人们对待刍狗的这种态度，是一种没有偏私的态度。

天地也是这样，没有偏私，对万物一视同仁。所谓"天行有常，不为尧存，不为桀亡"，对待任何人、任何事都像人对待祭祀用的刍狗一样。得"道"的人也应该像天地一样无私，治理天下的人也应该如此。经常有统治者将仁爱之类挂在嘴边。不管是否真是仁爱，这种想法本身就说明，讲仁爱的统治者实质上是将天下看成是自己的天下，将百姓看成是自己的子民，但天下其实不是一人、一派、一集团的天下，而是天下人的天下。不过，行仁爱的人总比不行仁爱的人好，爱民如子的清官总比贪官强。如果统治者不能做到像天地一样无私，那么少一点私心总是好的。

多言数穷①，不如守中②。

（五章）

〔注释〕

①多言：此处指政令繁多，与"不言"相对。　数：通"速"。　穷：败亡。
②守中：持守中虚。

〔译文〕

政令繁多反而加速败亡，还不如持守虚静。

〔解读〕～～～～～～～～～～～～～～～～～～～～～～～～～～～～～～～～

　　"多言"，表面的意思是多说话，实际的意思是指政令烦苛。政令烦苛，结局可想而知，秦代二世而亡，原因即在于此。对个体来说，多说话可能会招来非议和灾祸。但是，人生在世，可以装聋作哑，却也免不了要说话。多说话有问题，装聋作哑同样有问题。有才能会遭人嫉妒乃至被杀，没有才能也会受人欺侮；处于两者之间同样会觉得累。解决的办法，或许也只有顺应自然。

谷神不死①，是谓玄牝②。玄牝之门，是谓
天地根。绵绵若存，用之不勤③。

（六章）

〔注释〕

①谷：虚空。 神：不测的变化。

②玄牝（pìn）：微妙的母性，指天地万物总生产的地方。

③勤：穷竭。

〔译文〕

虚空的变化永不停息，这就是微妙的母性。微妙的母性，是天地万物产生的根源。它微而不绝，好像永远存在，作用无穷无尽。

〔解读〕

老子认为道的本体是空虚的，而其作用则是无穷无尽的。唯其空虚而不是一个实体，才可能自身没有穷尽，作用不受限制。对于个体来说也是这样，只有忘记了自己的生命、自己的躯壳，才可能不受得失祸福的影响，得到纯粹的快乐。这样的生存境界，从理论上说是十分高明的。然而，世俗的人也应当有世俗的快乐，这是人之常情。就此而言，"喜怒哀乐不入于胸次"的境界，或许也只能是一种理想。

无私不争

圣人后其身而身先①，外其身而身存②。非以其无私邪③？故能成其私。

（七章）

〔注释〕

①后其身：把自己放在后面。

②外其身：把自身置之度外。

③邪（yé）：同"耶"，疑问词。

〔译文〕

圣人先人后己，反而能得到人们的拥戴；将自己置之度外，反而能保全生命。这不正是因为他无私吗？因而能成就自身。

〔解读〕

老子十分强调谦让、不争和无私，认为只有这样，才可能有所成就。这种成就，并不是自己有心去追求，而是自然得来的。当一个人不是为了自己而是为他人的时候，他人也会给他应得的回报。而一个为他人的人，即使拥有那些看来能带来灾祸的东西，也不会有灾祸。历史上真正有大成就的人，大都是无私的人，像老子、孔子、释迦牟尼、耶稣等大思想家和宗教家们，就是将自己的智慧无私地分给别人才得到人们的拥戴；像尧、舜这样的帝王，之所以被千古传颂，就是没有将天下看成自己的天下，而是无私地将其位传给他人。私心太重的人，或许一时能得到权力或金钱，但是难以长久。

上善若水①。水善利万物而不争，处众人之所恶②，故几于道③。

（八章）

〔注释〕

①上善：至善。
②所恶（wù）：厌恶的地方。指低洼之处。
③几：近。

〔译文〕

上善之人如水一样。水善于滋养万物而不与万物相争，停留在人们所厌恶的地方，所以接近于"道"。

〔解读〕

有人说，水是万物的本源，万物的生存离不开水。老子以水来譬喻道的特性，也就是讲万物不能离开道。水能滋养万物，又柔弱而不争，还经常处在低洼的地方，这都是道所具有的特点。水柔弱不争，而天下万物又没有什么东西能与之相争，滔天的洪水不说，就是屋檐下不断滴落的水滴也能穿透坚硬的石头。水处在低洼的地方，也就是人所不愿处的低下之处，然而就是这样的地方才能把所有的东西汇集起来。这种情况，也可以理解为"德有所长，而形有所忘"。就水而言，人们不能因为它经常处在低洼之处而忘记它对万物的滋养；就人而言，也不能因为其相貌的丑陋而忘掉他高明的人生境界。

居善地^①，心善渊^②，与善仁^③，言善信，政善治，事善能，动善时。夫唯不争，故无尤^④。

（八章）

〔注释〕

①善地：善于选择地方。此处指低洼之地。

②渊：沉静。

③与：结交，相处。

④尤：怨咎。

〔译文〕

居于低洼之地，心灵善于保持沉静，待人善于兼爱无私，说话善于保持真实，为政善于精简处理，处事善于发挥所长，行动善于把握时机。只因为有不争的美德，所以没有怨咎。

〔解读〕

事情都有时、地、势之分，同样一件事、同一种做法，在不同的时代、不同的环境中，结果可能大不相同，所以就有"事善能，动善时"的问题。因此就有如何让万物都发挥其所长的问题。言论，有真、假和空的区别；施与，也有仁与不仁的区别；心灵，有渊静还是躁动的分别；居所也有合适不合适的区别。就此而言，所谓永远正确、放之四海而皆准的道理是没有的。即使是老子讲的"不争"，就其现实性来看，有时也是相对的。如果一个人没有争心，也就不会有忧愁；但在没有忧愁的同时，也会丧失掉许多东西。

持而盈之，不如其已①。揣而锐之②，不可长保。金玉满堂，莫之能守。富贵而骄，自遗其咎③。功遂身退④，天之道。

（九章）

〔注释〕

①已：停止。

②揣：捶击。 锐：使……尖锐。

③咎：灾祸。

④遂：成功，实现。

〔译文〕

执持盈满，不如休止。显露锋芒，不能保持长久。金玉满堂，无法守藏。富贵而骄，自取祸患。功成身退，是合于自然的道理。

〔解读〕

人们常说"满招损，谦受益"，还说"木秀于林，风必摧之"，都是让人不要自满，不要露才扬己。骄傲自满的人，往往会失败。如曹操兵败赤壁，一方面因为诸葛亮、周瑜计谋过人，另一方面他自己自视太高；李自成没几天便丢了北京，也是自满所致。至于露才扬己，结局也很糟糕。有财富的人要是夸耀财富，也不会长久。李白诗云："功名富贵若常在，汉水亦应西北流。"这是人世间的常理。如果不想自取其咎，那么就要不以富贵骄人，不以才能骄人，而且在功成业就之后，还要激流勇退或韬光养晦。

洗心去欲

载营魄抱一^①，能无离乎？

（十章）

〔注释〕

①载营魄：护持灵魂。载，加持。营魄，魂魄。 抱一：合一。

〔译文〕

精神与形体合一，能不相离吗？

〔解读〕

"营魄"，即魂魄。近精神者为魂，近物质者为魄，所以可以理解为精神与形体。"营魄"的营字，有不安的意思，"营魄"也可以理解为不安的魂魄。"抱一"，可以理解为合一。而《老子》中的"一"字，又多指"道"言，如二十章讲"圣人抱一以为天下式"，所以"抱一"可以理解为抱道。《老子》文辞简古，而含义又很丰富，翻译只能取一种，而理

解可以有多层。"营魄抱一",不管是理解为精神与形体合一,还是理解为魂魄守道勿失,其核心都是要精神的集中与宁静,不受外物的干扰和影响。精神或精力集中,不受外物的影响,就能达到神妙难测的境界,至少也能对事物有新的、深的领会。牛顿从苹果的下落中能得出万有引力定理,而别人没有发现,原因之一就是他一直集中精神思考这个问题,而一旦受到外界的触动和启发,就能有所顿悟。

涤除玄鉴①, 能无疵乎②?

(十章)

〔注释〕

①玄鉴:内心之镜,喻心灵深处明澈如镜。鉴,镜。
②疵(cī):瑕疵。

〔译文〕

洗尽各种杂念而保持心的清明,能够没有瑕疵吗?

〔解读〕

人心本来如明镜,或者说像一张白纸,但这种境界并不能够经常保持，所以要勤加修治，时时清洗，使之没有瑕疵。没有瑕疵的心，就能自然映照万物，任天地万物自由往来、出入，也可以说是自己的天性与万物的天性冥合为一。中国古代的艺术创作，追求的就是这种境界，而且认为只有这种高超莹洁的心灵境界才能创作出飘逸绝尘、生机无限的艺术品来。

明白四达，能无知乎^①？

（十章）

〔注释〕

①知：心智。

〔译文〕

通晓四方，能不用心智吗？

〔解读〕

老子所说的"无知"，一般来讲，并不是不明事理的意思，即不是"年幼无知"的"无知"，而是不用知识、不用心智、不用智慧的意思。老子认为人应该明晓事理，但这种事理不是一般的事理，而是博大的"道"理。一般的明晓事理，要用知识、心智和智慧，而"道"理则要杜绝这些。一般的知识、心智和智慧，均属于庄子所谓的"机心"，即机变、机智之心。这种机心或智心，不但有局限，而且会使人去追求外物，执著于是非、毁誉，致使纯朴的本性丧失。

五色令人目盲①，五音令人耳聋②，五味令人口爽③，驰骋畋猎令人心发狂④，难得之货令人行妨⑤。是以圣人为腹不为目⑥，故去彼取此。

（十二章）

〔注释〕

①五色：即青、赤、黄、白、黑。

②五音：即角、徵（zhǐ）、宫、商、羽。

③五味：即酸、苦、甘、辛、咸。 爽：伤，败，喻味觉差失。

④畋（tián）猎：打猎。

⑤妨：伤，害。

⑥腹：内在温饱。 目：外在感觉世界。

〔译文〕

五色令人眼花缭乱，五音令人听觉不敏，五味令人口病，纵情狩猎令人心放荡，难得的财货令人行为不轨。因此，圣人只求安饱，而不求声色之娱，所以摒弃外物的诱惑而保持安饱的生活。

〔解读〕

老子主张人应该过一种素朴的生活，不应该追求享受，不应该有欲望。在他看来,普通人追求感官享受,喜欢纵情享乐和狩猎之类的事,都会带来相应的麻烦和苦恼,因而并不值得。得道的人不追求这些,只求温饱,不求逸乐。如果说老子反对用知识、心智是反对科技文明的话,那么这种主张素朴的思想就是反对物质文明。物质文明的发展确实造成很多问题,如人的物欲膨胀、沉溺于物质享受而精神极度空虚,乃至于有人主张"贪欲就是最大的善",以及因此带来的尔虞我诈和犯罪,等等。但是,抛开物质文明而过一种禁欲的生活同样也有问题,就是会导致一种厌世的心态和行为。人不应该只图物质享受而纵情于声色犬马之中,但也不能没有任何的物质享受。

宠辱若惊①，贵大患若身②。何谓宠辱若惊？宠为下③，得之若惊，失之若惊，是谓宠辱若惊。何谓贵大患若身？吾之所以有大患者，为吾有身，及吾无身④，吾有何患？

（十三章）

〔注释〕

①若：就。

②贵：看重。

③下：卑下。

④及：如果。

〔译文〕

得宠和受辱都感到惊恐，重视身体像重视大的祸患一样。什么叫做得宠和受辱都感到惊恐？得宠是卑下之事，得到恩宠感到惊慌，失去恩宠也感到惊慌，这就是得宠和受辱都感到惊恐。什么叫做重视身体像重视大的祸患一样？我之所以有大的祸患，是因为我有这个身体，如果没有这个身体，我又会有什么大的祸患呢？

〔解读〕

　　世人难免有邀宠之心，少时邀宠于父母，稍长则邀宠于师长。凡邀宠于人的时候，地位总是比人低下。就此而言，"宠为下"。而得宠总有失宠的时候，为避免失宠，于是乎竭尽阿谀奉承之能事，这也是"宠为下"。无论是得宠还是失宠，都难免惴惴不安，所以"若惊"。宠也好，辱也罢，都是因为有个"我"在，一旦无我，宠辱祸福也都如云烟。人生在世，总有个躯壳，真正做到无我，也并不容易。身死之后，便真的无我了。所以老子讲"无我"。死亡确实是人的大解脱，世间的一切纷纷扰扰都没有了。然而，生命有它可贵之处，解脱也不只有死亡一途。坦然赴死诚然难得，而不屈不挠地活着更令人敬佩。关键不在生与死，而在如何活。有尊严、有意义地活，而不是跪着活，才是生命的真谛。

　　贵以身为天下，若可寄天下；爱以身为天下，若可托天下。

（十三章）

〔译文〕

　　以贵身的态度去治理天下，才可以把天下寄托给他；以爱身的态度去治理天下，才可以把天下委托给他。

〔解读〕

　　治理天下的人，应当是尊重自己生命的人。一个人只有尊重自己的生命，才能尊重别人的生命；而不尊重别人的生命，也就是不尊重自己的生命。古往今来的统治者，无论是帝王还是元首，如果不尊重别人的生命，保护别人的生存权利，自己的生命最终也不能保全，如桀纣之类的暴君、残杀犹太人的希特勒，就是典型。老子认为只有贵身、爱身的人才能治理天下，真是至理名言。当然，贵身、爱身有各种各样的方式、有不同的层次。老子讲的贵身、爱身，是不要贪图享受，不要用礼、乐、圣、智之类的东西误导民众去追求外在的东西，而现在要讲贵身、爱身，理应是保障人的基本权利不受侵犯和损害。

大道惚恍

视之不见，名曰"夷"①；听之不闻，名曰"希"②；搏之不得③，名曰"微"④。此三者不可致诘⑤，故混而为一。其上不皦⑥，其下不昧⑦，绳绳兮不可名⑧，复归于无物⑨。是谓无状之状，无物之象，是谓惚恍⑩。迎之不见其首，随之不见其后。

（十四章）

〔注释〕

①夷：无形。

②希：无声。

③搏：拊拍。

④微：无形体。

⑤诘（jié）：讯问。

⑥皦（jiǎo）：洁白。

⑦昧（mèi）：阴暗。

⑧绳绳：无边无际。

⑨无物：无形态。

⑩惚恍：似有似无，茫然无定。

〔译文〕

看它看不见，称作"夷"；听它听不到，称为"希"；摸它摸不到，称为"微"。这三者都不可推问，因而混为一体。它显也不明亮，隐也不暗淡，无边无际而不可名状，一切的运动都会回复到不见物体的状态。这就叫做没有形状的形状，没有物体的形象，就叫"惚恍"。迎着它看不到它的前头，跟着它看不到它的后面。

〔解读〕

"道"不是感官所能把握的，不可见，不可闻，不可触。"道"也不是一般所谓的智慧、知识所能把握的；"道"更是超越语言的。然而，"道"又确实存在，并且是超越时空而存在。从时间上讲，"道"无始无终，不生不灭；从空间上讲，"道"无首无尾、无所不在，即所谓"迎之不见其首，随之不见其后"。这样的存在，并不是一个有形迹的物体，而是恍恍惚惚的存在。那么"道"是不是不可知的呢？有人说老子是不可知论者，"道"也不可知。其实不然。"道"可知，但这种知的方式很特别，不是通常意义上的感性或理性的认知，而是像观赏中国山水画的认知方式。观赏山水画，不能从形象去看，而且也不能只用眼去看，而是要用心去看。这个心，也不是分别心、知识心、认知心，而是洗尽了尘滓的、似无而实有的心。有了这种心，才能看出山水画的意蕴。有了这种心，才能得道。

清静自然

　　孰能浊以静之徐清^①，孰能安而动之徐生^②。保此道者，不欲盈。夫唯不盈，故能蔽而新成^③。

（十五章）

〔注释〕

①孰：谁。　徐清：慢慢澄清。

②徐生：慢慢趋进。

③蔽：通"敝"。

〔译文〕

　　谁能在动荡中安静下来而慢慢地澄清，谁能在安定中变动起来而慢慢地趋进。保有这些道理的人不肯自满。正是因为不自满，所以才能去故更新。

〔解读〕

　　《老子》第十五章都是讲得道之人的修养与外在表现，最后的归结，就是"夫唯不盈，故能蔽而新成"。"蔽而新成"，又作"蔽不新成"或"蔽而不成"，三者的意思不同，这里按"蔽而新成"作解。得道的人，能够在浑浊的情形下使之安静并慢慢地清明，而在长久安静的情况下又能使之活动而慢慢地生动活泼。也就是说在什么情况下都不自满、自弃。

致虚极①，守静笃②。万物并作③，吾以观复④。夫物芸芸⑤，各复归其根。归根曰静⑥，静曰复命⑦。复命曰常⑧，知常曰明⑨。不知常，妄作凶。

（十六章）

〔注释〕

①致虚：推致空明宁静的心智。　极：极度，顶点。

②守静：坚守清静无为。　笃：顶点。

③作：生成运动。

④复：往复循环。

⑤芸芸：纷繁众多。

⑥归根：回归根本。

⑦复命：复归生命之本。

⑧常：永恒不变的规律。

⑨明：准确地认识和把握规律。

〔译文〕

"致虚"和"守静"的功夫，都要做到极致。万物并动，我从中看到循环往复的道理。生物运动，终究都要返回到它的本根。回到本根称为"静"，"静"称为"复命"。"复命"称为"常"，了解"常"称为"明"。不了解"常"，轻举妄动就会干出凶险之事。

〔解读〕

老子强调虚静。虚，就是虚其心，消除心智的作用而达到空明的境界；静，就是排除欲念和烦恼而归于恬淡寂静。虚不是空，而是实，就是容纳万有。静不是止，而是动，就是任万物自由生长与往来。老子讲虚静，也不是因为世俗所谓的善与不善，虚静并非是善，也不是不善，而是超越了善与不善。虚静而后能观，观就是观照万物的本根或本原，于是就能明晓万物至当不易的常轨，得浩大的境界而能长久。反之，内心蝇营狗苟，胶着于利害之间，执著于是非之途，无论是求善还是为恶，都要产生祸害。

知常容①，容乃公，公乃全②，全乃天③，天乃道，道乃久，没身不殆④。

（十六章）

〔注释〕

①常：常道。　容：包容。

②全：全面，普遍。

③天：天地自然。

④没（mò）身：终身。　殆：危。

〔译文〕～～～～～～～～～～～～～～～～～～～～～～～～～～～～～～～

知晓常道就能包容,包容就能廓然大公,廓然大公就能无不周遍,无不周遍就能合于天,合于天就能合于道,合于道就可以长久,终身都没有危殆。

〔解读〕～～～～～～～～～～～～～～～～～～～～～～～～～～～～～～～

知晓常道的人便能包容一切而廓然大公。所谓能包容一切,就是不管发生什么样的变故都能容得下。廓然大公,也不是一般意义上的无私,而是顺应自然的变化,像天地一样没有私心。这样做的极致,便是合于天地,合于道,而没有危殆。没有危殆,也不是世俗所谓的没有祸患,而是不以所谓的祸患为祸患,没有祸患荣辱之心。

绝圣弃知

大道废，有仁义；智慧出^①，有大伪^②；六亲不和^③，有孝慈^④；国家混乱，有忠臣。

（十八章）

〔注释〕

①智慧：智谋，指圣智、巧利。

②大伪：巨大的虚伪奸诈。

③六亲：父母兄弟妻子，泛指亲人。

④孝慈：尊长爱幼之道。

〔译文〕

大道废弃，才提倡仁义；智慧出现，就有了大的伪诈；家庭不和睦，才显出孝慈；国家昏乱，才有忠臣。

〔解读〕

人们要追求什么东西，通常都是这种东西已经丧失了或者还没有得到。比如人们讲孝，就是因为有许多不孝之子。如果天下做子女的都孝敬父母，那么根本就用不着讲孝，而所谓的孝也显不出来。有人不孝，所以才显出有人孝。同样，有人不忠，才显出忠。同时，讲孝慈的时候，表明父子、兄弟、夫妇之间已经失和；讲忠的时候表明国家已经混乱不堪。而某种东西产生之后，它的反面也必然随之而生；提倡一种东西，同时也是在倡导它的反面。比如人有了智慧之后，相应的就会有伪诈。

绝圣弃知①，民利百倍；绝仁弃义，民复孝慈；绝巧弃利，盗贼无有。

（十九章）

〔注释〕

①圣：睿智，聪明。

〔译文〕

弃绝聪明巧智，民众可以得到百倍的好处；弃绝仁义，民众就能恢复孝慈的天性；弃绝巧诈和货利，盗贼自然消失。

〔解读〕

老子或许并不反对仁义圣知，道家和儒家的关系在早期也许并非如冰炭水火。然而，通观全书，老子对仁义圣知之类的态度，即使不至弃绝，也是颇不以为然的。圣人的用心或许是好的，但圣人所说的道理却既可为好人所用，也可为恶人所用；圣人鼓励的事情也是既可为善也可为恶。一位经济学家曾讲："过去人们以为普及为别人做好事就可以改进社会风气，实在是极大的误解，因为这样培养出来的专门拣别人便宜的人，将数十倍于为别人做好事的人。"这和老子所讲的道理是相通的。

见素抱朴①，少私寡欲，绝学无忧②。

（十九章）

〔注释〕

①见：通"现"，显现。　素：未染色的丝。　抱：坚守。　朴：未雕琢的木。

②绝：杜绝。

〔译文〕

显现并保持朴素，减少私欲，抛弃学问，没有忧愁。

〔解读〕

人生在世，常与忧患相伴。然而，人们并不愿意有忧患，也不愿意整日忧心忡忡。不少人谨言慎行，韬光养晦，行善求义，就是为了少一点忧愁。或许，少一点私心，少一点欲望，弃绝学问，就能少一些忧患。私心和欲望，会带来烦恼；学问、知识其实更是忧患的根源。人们常讲中国古代的知识分子们有较强的忧患意识，根源也就在他们有学知。

唯道是从

唯之与阿①，相去几何②？善之与恶，相去若何？人之所畏，不可不畏。

（二十章）

〔注释〕

①唯：恭敬的回应，对上。　阿：怠慢的回应，对下。

②几何：与下句"若何"都有"有多少"的意思。

〔译文〕

"唯"与"阿"，相差有多少？善与恶，相去有多远？人们所畏惧的，也不可不畏惧。

〔解读〕

"唯"与"阿"都是应答的声音。"唯"是恭敬的回答，"阿"是轻侮的回答。从这两种应答中，又能引申出贵贱与荣辱。所以，字面上看是讲两种应答,而深层上又牵涉到贵贱、荣辱之类更大的问题。在老子看来,贵贱荣辱、美丑善恶都是相对的、不确定的,而不是绝对的、恒定的;而相对的两者之间,也没有实质性的区别。实质性的区别没有,但人们却有喜怒哀乐的不同,得荣华富贵则喜,受辱处贱则哀。仔细想来,贵贱之分、荣辱之别,不都是聪明人玩的花招吗?只是世人沉溺于其间而不能察觉而已。

　　俗人昭昭①,我独昏昏②。俗人察察③,我独闷闷④。众人皆有以⑤,而我独顽且鄙。我独异于人,而贵食母⑥。

(二十章)

〔注释〕

①昭昭:明白、鲜亮的样子。

②昏昏:糊涂、暗昧的样子。

③察察:洁净、精明的样子。

④闷闷:浑浊、质朴的样子。

⑤以:用。

⑥食母:用道。食,用。母,此处指"道"。

〔译文〕

世人都明达,唯独我昏昧。世人都计较,唯独我淳朴。世人都有用,唯独我愚陋又笨拙。我和世人不同,而崇尚资养万物的"道"。

〔解读〕

得道的人和世俗之人的区别,就是世俗之人看起来很有聪明才智,对什么事情都要有个计较,分个是非曲直,而得道的人却似乎愚拙昏昧而没有才能。殊不知愚拙的人也许是有大智慧的人,即所谓"大智若愚",而表现得很聪明的人却可能是傻瓜。世俗之人的聪明,往往用来求名逐利,而这正是人与人之间相互疏远的原因所在。有大智慧的人不聪明,也不求名逐利,所以也不会被人疏远。可惜的是,世人都愿意聪明一些,有才能一些,而不愿被人视为笨人。

曲则全,枉则直①,洼则盈,敝则新,少则得,多则惑。是以圣人抱一以为天下式②。不自见③,故明;不自是④,故彰;不自伐⑤,故有功;不自矜⑥,故长。

(二十二章)

〔注释〕

①枉：屈。

②式：法式，楷模。

③见：通"现"，显现。

④是：正确。

⑤伐：夸，自矜。

⑥矜：骄傲。

〔译文〕

委曲反而能保全，屈就反而能伸展，低洼反而能充盈，敝旧反而能生新，少取反而能多得，贪多反而迷惑。因此，圣人守道而为天下的范式。不自我显示，所以显明；不自以为是，所以彰著；不自我夸耀，所以有功；不自我炫耀，所以长久。

〔解读〕

汉代的刘歆说道家出于史官，"历记成败、存亡、祸福、古今之道，然后知秉要执本，清虚以自守，卑弱以自持"。从老子所言"曲则全"之类，确实让人觉得刘歆所言有一定依据。自古刚直不阿的人总是遭殃。所以，老子教人不要刚直，不要求高位，不要夸耀等等。这确实有点滑头的味道。但是，狂风中大树会被吹折，小草却安然无恙；人也要收敛锋芒才不至于四处树敌，也是实情。

希言自然①。

故飘风不终朝②，骤雨不终日。孰为此者？天地。天地尚不能久，而况于人乎？故从事于道者，同于道；德者，同于德；失者，同于失。同于道者，道亦乐得之；同于德者，德亦乐得之；同于失者，失亦乐得之。

（二十三章）

〔注释〕

①希言：少说话。意为少发教令。

②飘风：疾风。

〔译文〕

少说话是合于自然的。

所以狂风刮不了一个早晨，暴雨下不了一整天。谁使它这样的？天地。天地都不能使狂暴长久，更何况是人呢？从事于"道"的，就同于"道"；从事于"德"的，就同于"德"，所作所为失"道"、失"德"的，也就同于失。同于"道"的人，"道"也乐于得到他；同于"德"的人，"德"也乐于得到他；同于失"道"、失"德"的，就会得到失"道"、失"德"的后果。

〔解读〕

"希言自然"，深层的意思就是不要立法令、定制度；"飘风""骤雨"之说深层的意思是暴政不会长久。人做什么样的事情就会得到什么样的后果，行暴政的人将被暴力所推翻，桀纣的下场、秦的结局等，可资为证。治国之事，是"同于道者，道亦乐得之……"；日常行为，也是如此。因此，当人得咎或遭遇灾殃的时候，不应该怪罪他人，而应当反思自己。

企者不立①，跨者不行②，自见者不明，自是者不彰，自伐者无功，自矜者不长。

(二十四章)

〔注释〕

①企：通"跂"，踮起脚跟。
②跨：跃，越，阔步而行。

〔译文〕

踮起脚跟的人站不牢，跨步前行的走不远，自我显示的反而不显明，自以为是的反而不彰著，自我夸耀的反而无功，自我炫耀的反而不长久。

〔解读〕

老子对"自见"与"明"、"自是"与"彰"、"自矜"与"长"的关系反复申述，在从反面讲了"不自见，故明"等之后，又从正面讲"自见者不明"等，可见这些问题在老子心目中的分量。在一定程度上，这些确实是立身处世的基本问题。通常，人们踮起脚跟站立，本来是想站得高一些，看得远一些；跨步前行本来是想走得快一些，到达目的地的时间短一些，结果却适得其反。人们也可能知道自己显示自己的才干、肯定自己的见识、夸耀自己的功劳、炫耀自己的所得，结果也是适得其反。但是，在行为上，可能还是会自觉不自觉地显示、夸耀。因此，没有自见、自是、自伐、自矜之行并不那么容易，没有这种心就更难。如何才能去除自见、自是、自伐、自矜之心呢？按老子的教诲，可能首先是要去掉名利心。人之所以会显示、夸耀自己，很可能是要得名得利，想求个名、得点利、捞点权。美貌的人显示自己的美貌，无外乎是要博得个貌美之名，进而得到别人的喜爱。其次是要不争，就是没有争心。人之所以会有自见等行为，很大程度上是因为争心在作怪，总想与人一争短长。如果一个人没有争心，事事退避、处下，也就不会显示、夸耀自己了。再次就是要无我。人之所以有争心，归根结底还是有我，还是不能忘掉自己的存在。人如果能视名利如粪土，进而忘记自己的存在，与天地万物、芸芸众生融为一体，争心也就不会有了，自见等行为也就不会有了。

人法地①，地法天，天法道，道法自然。

（二十五章）

〔注释〕

①法：取法。

〔译文〕

人取法于地，地取法于天，天取法于"道"，"道"纯任自然。

〔解读〕

《老子》二十五章用非常简明的语言，描述至大无名的"道"，即："有物混成，先天地生。寂兮寥兮，独立而不改，周行而不殆，可以为天下母。吾不知其名，强字之曰'道'，强为之名曰'大'，大曰逝，逝曰远，远曰反。故道大，天大，地大，人亦大，域中有四大，而人居其一焉。"最后归结为"人法地，地法天，天法道，道法自然"。道浑然而成，无声无形，具有绝对性和永存性，无所不至，循环运作，是天地万物的根本和源头。这样的存在无从命名，因为命名就意味着分别与割裂，比如我们给某个婴儿起个名字，就是要把他与其他婴儿区分开来。"道"不可以分别，不能从万物中割裂出来，所以"道"这个字与"大"这个名都是勉强赋予的，人也不应从"道"这个名字来求"道"，不能像平常通过喊一个孩子的名字而把他喊过来那样。但是，人能得"道"，也能取法于"道"，这就是通过取法天地。取法天地，是中国传统哲学的一贯主张，如《易·系辞》讲"仰则观象于天，俯则察法于地，观鸟兽之文与地之宜，近取诸身，远取诸物"。不过，道家的取法天地，与儒家不同，不是从天地中看出尊卑上下，而是从天地的运行中得出自然之意，也就是自然而然的精神。由此而得出的与天合一，与儒家所谓"天人合一"也不相同，道家的主张乃是自然的冥合，而儒家的主张则是基于伦理的通同。

重根返朴

重为轻根，静为躁君。是以君子行不离辎重①。虽有荣观②，燕处超然③。奈何万乘之君④，而以身轻天下？轻则失本，躁则失君。

（二十六章）

〔注释〕

①辎（zī）重：军中载器械粮食的车。

②荣观：指华丽的生活。荣，豪华，高大。观，台观。

③燕处：安居。

④万乘之君：大国君主。乘，兵车。"万乘"指拥有兵车万辆的大国。

〔译文〕

厚重为轻率的根本，清静是躁动的主宰。因此，君子整日行动而不离开辎重。虽然有华丽的生活，而安居泰然。为什么身为大国的君王，还轻率躁动以治天下呢？轻率就丢掉了根本，躁动就失去了主宰。

〔解读〕

　　有人曾说老子所讲的乃是君人南面之术，并不是没有根据。老子
讲道理的时候，总喜欢拿帝王来说事。这里讲的重能御轻、静能制动，
是平常之理，然而老子接着讲的却是君王应该怎么样。究其原因，可能
有二：一是老子曾为史官，而史官所记所闻，多为帝王将相之事；二是

帝王的行为对天下的影响较普通人要大得多，平常百姓轻举妄动，不过是自己遭殃罢了，而帝王轻举妄动，则有无数百姓遭殃。就此而言，以君人南面之术概括老子学说有失偏颇。我们也不应将《老子》看作帝王之宝典，而应视其为智慧之宝库。老子讲的"轻则失根，躁则失君"，统治者们当引以为戒，普通民众也应切记在心。

　　圣人常善救人，故无弃人；常善救物，故无弃物。是谓袭明①。

（二十七章）

〔注释〕

①袭：承袭，有保持、含藏的意思。　明：了解"道"的智慧。

〔译文〕

　　有道之人经常善于挽救人，所以没有被遗弃的人；经常善于挽救物，所以没有被遗弃的物。这就叫含藏着了解"道"的智慧。

〔解读〕

　　"常善救人"，有一种理解说是善于教化人。这种说法不能说不对，但还是从儒家的角度来看的，而道家是不讲教化的。"救人"的

"救"字,其实译成挽救也并不妥当。"救物"的"救"字也是如此。"救人",首先要平等地看待一切人,即认识到"善人者,不善人之师;不善人者,善人之资";不管是善人还是不善的人,都各有所用、各有所能,不能因善人而舍弃不善的人,也不能因不善的人而疏远善人。如果不能平等地看待一切人,那么必然会有"弃人"的情况,也就谈不上善于救人了。其次就是要"尊生",也就是尊重生命。"救物"也是这样。善于"救人""救物"的人,别人也就自然愿意跟他在一起。如《三国演义》中的刘备,他不愿意放弃百姓,百姓也就拥戴他。

知其雄①，守其雌②，为天下谿③。为天下谿，常德不离，复归于婴儿。知其白④，守其辱⑤，为天下谷。为天下谷，常德乃足，复归于朴。

（二十八章）

〔注释〕

①雄：雄强，躁进。

②雌：柔静，卑下。

③谿（xī）：溪涧。

④白：洁白明亮。

⑤辱：污黑。

〔译文〕

知道自己雄强，却执守雌弱，而为天下的溪涧。成为天下的溪涧，常"德"就不会离失，而复归到婴儿的状态。深知明亮，却安于暗昧，而为天下的川谷。成为天下的川谷，常"德"才可以充足，而复归到真朴的状态。

〔解读〕

　　老子认为，天地之间一切事物都在循环不已的运动之中，刚强、雄壮的事物都要被摧毁，而柔弱的事物反而能保全。所谓"人之生也柔弱，其死也坚强。草木之生也柔脆，其死也枯槁。故坚强者死之徒，柔弱者生之徒。是以兵强则灭，木强则折"（七十六章）。因此，人需要知道雄强，但应执守雌弱；知道显明，而应韬光晦迹。这样才能长久，才能让天下归附。

朴散则为器^①，圣人用之，则为官长。故大制不割。

（二十八章）

〔注释〕

①器：物，指万物。

〔译文〕

万物的真朴散而为万物，圣人用真朴，则为百官之长。所以，完善的政治是不割裂的。

〔解读〕

朴，本意是没有经过雕琢的木头。这样的木头只有经过雕琢之后才能做成器皿。同理，万物的本来面目被毁坏之后，才能为人所用。深山中的老虎，人是不能够役使它的，只有关起来驯养之后，人才能用它来表演。所以，人役用万物的过程，其实是破坏万物自然样态的过程。人和万物，从本性上来讲，都不愿被干扰和破坏，因而有道的人抱真守朴，就为人与万物所尊崇，而能成为百官的首领。其实，这也只是从理论上讲的，在现实中，成为百官首领也就是帝王或侯王的人，很少有不经过或明或暗的争斗而自然成为百官首领的。老子讲抱真守朴的道理，并不是不知道现实中的这种争斗，而是希望消弥争斗，更希望为政的人不要扰民、欺民太甚。所谓"大制不割"，就是希望为政的人不要设施造作，而行无为政治。不过，人类社会毕竟不同于自然世界，政治家也不可能像天地日月那样无所用心。"大制不割"，也许只能作为一种理想的目标而已。

息事偃兵

将欲取天下而为之^①，吾见其不得已^②。天下神器^③，不可为也，为者败之，执者失之。

（二十九章）

〔注释〕

①为：治理，强力去做。

②不得：不可得。 已：语气助词。

③神器：神圣之物。

〔译文〕

将要为天下之主而以有为治民，我看是得不到民心的。天下是神圣的东西，不可以有为，有为的人一定会失败，坚持有为一定会失掉天下。

〔解读〕

从历史上看，凡是有意特别是带着某种理想去治理国家，都很容易出问题。对此，现代西方的政治学家有比老子更详尽的论述。比如强调"自生自发"秩序的现代政治学家哈耶克，在其《通往奴役之路》一书里就很透彻地分析了政治家出于某种理想而干预社会的政治经济发展所带来的灾难性后果。20世纪人类社会所发生的种种灾难和不幸也证明了不能"取天下而为之"，不管这种"为"是出于善良的愿望，还是恶意的狂想。

以道佐人主者，不以兵强天下。其事好还^①。师之所处^②，荆棘生焉。

（三十章）

〔注释〕

①还：还报，报应。
②师：军队。

〔译文〕

用道辅佐君主的人，不靠兵力逞强于天下。用兵这件事一定会得到还报。军队所到之处，荆棘就长满了。

〔解读〕

老子处在一个战伐不止的时代，是战争的强烈反对者。他认识到战争所带来的除了破坏之外，并没有别的东西；用兵力征服人的后果，是没有止境的冤冤相报。

　　夫兵者，不祥之器，物或恶之^①，故有道不
处。君子居则贵左，用兵则贵右。兵者不祥之
器，非君子之器，不得已而用之，恬淡为上^②。
胜而不美^③，而美之者，是乐杀人。夫乐杀人
者，则不可得志于天下。

　　　　　　　　　　　　　　　　　（三十一章）

〔注释〕

①物或恶(wù)之：鬼神都厌恶它。物，鬼神。恶，厌恶。

②恬(tián)淡：宁静安适。

③美：以之为好事，赞美。

〔译文〕

兵革是不祥的东西，连鬼神都厌恶它，所以有道的人不使用。君子平时居处以左方为贵，用兵的时候则以右首为贵。兵革是不祥的东西，不是君子所用的东西，迫不得已而使用它，也要淡然处之。战胜了也不要认为是好事，而认为是好事，就是喜欢杀人。喜欢杀人的人，就不可能实现统治天下的愿望。

〔解读〕

老子反对战争，但也看到要彻底消除战争是不可能的，于是就劝人对战事淡然处之。不管是什么样的战争，战胜了都不要认为是好事，否则，就是喜欢杀人。

守道任化

　　道常无名，朴①。虽小，天下莫能臣也。侯王若能守之，万物将自宾②。天地相合，以降甘露，民莫之令而自均③。

（三十二章）

〔注释〕

①朴：质朴。

②自宾：自将宾服于"道"。

③莫：无需。　令：指令，号令。

〔译文〕

　　道永远是没有名称，质朴自然的。它虽然幽微，但天下谁也不能臣服它。侯王如果能守住它，万物就会自然宾服。天地相交合，就降下甘露，人们不必指使它，它就会自然均匀。

〔解读〕

道是宇宙万物的大本大宗，所谓"小"并不是指道的形式与功能，而是说道幽隐而不可见、不可闻。我们通常所讲的极小的东西，如细菌之类，人的肉眼是看不到的。所以，"小"与至精无形是相通的。如果从道的功能的角度来理解"小"，则可以理解为道精微而无所不入。道，无所不包，可以说"大"；精微无所不入，则可以说"小"。道无所不包，无所不入，都是自然而然。万物依从于道，也是自然而然。所以，侯王如果能守道不失，万物也将自然宾服。同时，道对万物也是平等相待，如天降甘露，周遍均匀。这种平等的思想，在《老子》中时有体现。不过，老子所强调的不是平等，而是自然。

始制有名①，名亦既有，夫亦将知止，知止可以不殆②。

（三十二章）

〔注释〕

①始制有名：意思是万物兴作，于是产生了各种名称。始，指万物的开始。制，作。

②止：禁止，限度。　不殆：没有危险。

〔译文〕

万物兴作就产生了各种名称,既然有了各种各样的名称,就要知道有个限度,知道有个限度就不会有危险。

〔解读〕

道是没有名的,万物创生,特别是人要役用万物,就有了名。名,通常是与分别相应的。有了名,就有了分别,而有了分别,也就有了纷争。再者,春秋时期,名与位是相应的,有什么名,就有什么位,以定尊卑上

下。有人问孔子怎么治国，孔子的回答是先正名，所谓"名不正则言不顺，言不顺则事不成"，就是这个道理。其实现在也是如此，有什么名，往往就有什么位。当然这种位可能是有形、有权力的，也可能是无形的、无权力的。比如我们讲某人、某种东西很有名，也就是说某人、某种东西在某领域、某方面很有地位，名人、名望、名著、名胜的名都是这个意思。名，是纷争的缘由之一。有了名，就有了利乃至权，不然大家也不会争名，人们也不会把争名夺利放在一起讲。与名相关的东西这么多，名对平常人来讲又这么重要，于是统治者们自然就将它作为赏罚工具。

　　知人者智，自知者明。胜人者有力，自胜者强。知足者富。强行者有志①。不失其所者久②。死而不亡者寿③。

（三十三章）

〔注释〕

①强行者：努力不懈的人。

②所：根本，根基。

③死而不亡者：身死而道犹存。指人虽死但未被人遗忘。

〔译文〕

能够认识别人算是聪慧，了解自己才算高明。能战胜别人的有力量，战胜自己的才是坚强。知道满足的就富有。努力不懈的人有志向。不离失根基的人就能长久。身死而不被人遗忘的人是真正的长寿。

〔解读〕

人容易看到别人的长短优劣，却很难认清自己。老子讲"自知者明"，西方哲人也强调"认识你自己"，东西方哲人在这一点上有基本的共识。同时，东西方也都认为战胜自己比战胜他人难，能战胜自己的人无往而不胜。所谓"知足者富"，人们现在也是常讲的。知足的人富有，并不一定是真的富有，而可能很贫穷，但是在贫穷的时候很满足，也就算是富有了。富可敌国的不能算富，身无长物的人不能算穷，关键在于知不知足。当然，知足并不是知足不前，还是要努力不懈的。努力不懈不是贪求，而是以道为志向。知足的人，往往也是"不失其所"的人，就是不离其根本的人。人如同树木，也有其根，树离根则死，人也一样。不过，人就是不离开根本，也是要死的，于是就有个寿的问题。在老子眼中，人的寿与夭，最高的衡量标准不是自然的寿命，而是是否留下了永久性的价值。这一点，儒家也讲，所谓"立德、立功、立言"三不朽。这还是世俗性的。道家则是超世俗的，永久性的价值是道，得道之人虽死，但道不朽，而得道之人以其行为为人留下典范，也是不朽。

大道氾兮①，其可左右。万物恃之以生而不辞②，功成而不有③。衣养万物而不为主，可名于小④；万物归焉而不为主，可名为大⑤。以其终不自为大，故能成其大。

（三十四章）

〔注释〕

①氾（fàn）：普，博。

②辞：推辞，拒绝。

③有：自认为有功。

④小：指大道任物成长，自然无为，因此称为"小"。

⑤大：指大道无私养育，万物归依，因此称为"大"。

〔译文〕

大道广泛流行，无所不到。万物都依赖它生长而它不拒绝，成就万物而不自认为有功。养育万物而不为主宰，可称为"小"，万物都归附它而不自以为主宰，可称为"大"。因为它不自以为伟大，所以能够成就它的伟大。

〔**解读**〕

　　大道流行，无所不至，无所不在，一草一木，一沙一石中都有道的存在。万物有分界，而道没有分界，道与万物也没有分界。这样的道，其功至伟，但恬然不居于所成。在一定程度上，道成就了万物，万物也成就了道；没有万物，道的功绩也无从显现。既然由万物成就其功绩，功绩也应归于万物，道也不应居功。就人类事务来讲，其实也应如此。所以，有盖世之功的人，常常归功于民。

执大象①，天下往。往而不害，安平太②。

（三十五章）

〔注释〕

①大象：大道。象，道。
②安平太：就和平安泰。安，乃，则。太，同"泰"，安、宁的意思。

〔译文〕

执守大道，天下人都来归往。归往而没有伤害，于是就和平安泰。

〔解读〕

秉持大道，天下人自然归往。"得道多助，失道寡助"，也是这个道理。因此，如果希望别人归往，或者希望得到别人的帮助，最佳的选择不是给人好处，而是正身行道。要是像慈禧对八国联军那样，"量中华之物力，结与国之欢心"，只能遭致屈辱和亡国。平常有人总看重物质刺激，以为给人许多好处，就能得到别人的支持，而不注意自己是否在正道上，结果也是得不到真正的支持。

道之出口，淡乎其无味，视之不足见①，听之不足闻，用之不足既②。

（三十五章）

〔注释〕

①足：可。
②既：尽。

〔译文〕

"道"讲出来，淡得没有味道，看它却看不见，听它却听不到，用它却用不完。

〔解读〕

道说出来没有味道，看也看不到，听也听不到，可是却取之不尽，用之不竭。道从言语、书本中求不到，圣人思想的精华也不是单从书本上就能学到的。不过，用现在的眼光来看，这种想法有它的偏颇之处。因为离开了语言以及记载思想的文字、书本等，人类的思想就无法代代相传。人们不学习，也无从知道前人或别人都作了哪些探索。甚至就是"绝学"，我们也要通过学习才能了解。其实，我们不能只看到老子的

"绝学"，在绝学之前，其实还有个学习的过程。只有通过学习，最后才能达到绝学的境界。只有去听、去看，才能明白道是听不见、看不到的。

道常无为而无不为①。侯王若能守之，万物将自化②。化而欲作③，吾将镇之以无名之朴④。镇之以无名之朴，夫将不欲。不欲以静，天下将自正。

（三十七章）

〔注释〕

①无为：顺其自然不妄为。　无不为：没有一件事不是它所为的，这是由于不妄为所产生的效果。

②自化：自我化育，自生自长。

③欲作：私欲产生。

④无名：指道。

〔译文〕

"道"永远顺任自然，然而又没有一件事不是它所为。侯王如果能守住它，万物就会自生自长。自生自长而私欲萌作时，我就用"道"的真朴来镇住它。用"道"的真朴来镇住，就不会起贪欲。不起贪欲而归于清静，天下自然就能上轨道。

〔**解读**〕

治理国家的人，应当无为，听任万物顺着本性发展。然而，在万物顺着本性发展的过程中，必然会出现私欲萌生的情况。对这种情况，是不是要遏止呢？如果遏止的话，又用什么来遏止？私欲萌生，就是背离了道，当然要遏止。但遏止的办法，不是用赏罚名利，也不是针对这种情况来制订某种政策，而是要用"无名之朴"即道来救治，而救治的方式，还是无为。无为在老子思想中的地位，由此可见一斑。究其实，老子政治思想的根本，就是希望统治者不要干涉民众的生活，让民众自由发展。

处厚安命

失道而后德，失德而后仁，失仁而后义，失义而后礼。夫礼者，忠信之薄①，而乱之首②。

（三十八章）

〔注释〕

①薄：衰薄，不足。
②乱之首：祸乱的开端。

〔译文〕

失去了"道"之后才有"德"，失去了"德"之后才有仁，失去了仁之后才有义，失去了义之后才有礼。礼是忠信的衰薄，祸乱的开端。

〔解读〕

老子讲道不断丧失的过程，即从道至德，再至仁义与礼。

反者道之动①，弱者道之用②。天下万物生
于有，有生于无。

（四十章）

〔注释〕

①反：同"返"，复，循环。
②弱：柔弱，柔和。

〔译文〕

"道"的运动是循环往复的，"道"的作用是柔弱的。天下万物产生于"有"，"有"产生于"无"。

〔解读〕

老子的道，都不是为了人的求知而设，而是要解决现实政治与人生中的问题。庄子的理论，很清楚地表明"有生于无"的思想，是为了化解现实的困苦，而确实也能化解困苦。庄子的妻子死了，他却鼓盆而歌，并不是因为他与妻子没有感情，或者心理变态，而是因为他认识到人的生与死乃是一大循环。因死而悲伤不止，反而是不通晓生命之理的表现。这种用理性化解生存之痛的方式，是人们经常采用的办法，而且是最有效的方式。

大音希声

大音希声①，大象无形。

（四十一章）

〔注释〕

①希声：无声。

〔译文〕

最大的乐声反而听起来没有声响，最大的形象反而看不见形迹。

〔解读〕

"大音希声"，通常也被看作是一种重要的音乐理论；"大象无形"，也被视为重要的艺术理论。"大音希声"表层的意思是最大的乐声是没有声音，深层的意思是倡导自然之声。中国古典音乐理论，占主流的是儒家伦理化的音乐观和道家自然的音乐观。两者难分轩轾，音乐家在谈论音乐本身的时候以道家为主导，而在讲音乐的教化功能的时候则以儒家为依归。

知足常足

天下之至柔，驰骋天下之至坚①。无有入无间②，吾是以知无为之有益。不言之教，无为之益，天下希及之③。

（四十三章）

〔注释〕

①驰骋（chěng）：形容马的奔走，这里是驾御的意思。

②无有：没有形的力量。　无间（jiàn）：没有间隙的东西。

③希：少。　及：至，到达。

〔译文〕

天下最柔软的东西，能够驾御天下最坚硬的东西。无形的力量能够穿透没有间隙的东西，我因此知道无为的益处。不言的教化，无为的益处，天下很少能够做得到。

〔解读〕

　　老子并不认为天下之人都希望能做到"不言"和"无为"。其实，平常人们也都知道水滴石穿、风透肌肤的道理，但由此而推及柔弱、无为、不言，人们就难以接受了。从常识与现实的角度看，一个东西无用，人们自然就不会管他；没有一个木匠会关心没有任何用处的大树，谁也不会用一个无用的人。这其实还是从功利角度来看，如果超越功利而艺术地观赏则又不同了；而如果要从保全生命的角度来看，也就另有所得。如果超越功利而艺术地欣赏，则越是无用的东西越让人留连忘返，如黄山的松与云。就此而言，老子的政治与人生观，带有一定的艺术性质。所以，人们能否接受老子的学说，某种程度上也取决于人们是选择艺术地生存，还是现实地生活。

　　名与身孰亲？身与货孰多^①？得与亡孰病^②？甚爱必大费^③，多藏必厚亡^④。

（四十四章）

〔注释〕

①多：重。

②得：指名利。　亡：指亡失生命。　病：危害，痛苦。

③费：耗费。

④厚：惨重。

〔译文〕

名声和生命相比哪一样亲切？生命与财货相比谁重要？得到名利与丧失生命相比哪一个有害？过分爱名必定极大耗费生命，多敛财必定招致惨重的损失。

〔解读〕

人们都知道生命的可贵，没有了生命，所谓名声、地位、财富就没有任何意义。然而，人们还是要追名逐利，如贾谊所讲的："贪夫殉财兮，烈士殉名；夸者死权兮，庶品每生。"这也是人之常情。像老子这样看透名声、地位与财富的人毕竟是少数。现代人就更难看透了。现代人也是"重身"的，但这种重身与老子所说的重身截然不同。老子的重身或重生，是重视身体或生命不受伤害，是重视生命的精神归依。现代人的重身或重生，一方面是重视世俗的享受，而不管这种享受是否对生命造成了伤害，就是拼命地挣钱、挣名、挣地位，而又以伤害身体乃至生命的方式享受；另一方面，是肉体对精神的彻底反叛，以欲求的本能反抗精神，一切精神性的东西都被视为不确定的，乃至虚妄的。老子对人之所以会追求名利、地位和权力的分析，倒也适合现代的状况。他认为人追求名利等外在的东西是因为离开了道，而现代人追逐名利也是因为安身立命的基础被抽掉或者说被置换了。一切传统的形而上的东西都被现代人否定了，即尼采所说的"上帝死了"，安身立命由此不再有形而上的基础。没有形而上基础的人，只能抓住现实的一些东西以为救命的稻草。

知足不辱，知止不殆，可以长久。

（四十四章）

〔译文〕

知道满足就不会遭受屈辱，知道适可而止就不会有危险，这样就可以长久。

〔解读〕

"知足"与"知止"是解决"甚爱必大费，多藏必厚亡"的方略，也具有独立的意义。"知足""知止"就可以长久。不知足、不知止则难免受到损害。所以，"知足""知止"与有用、无用及有为、无为都是有联系的。

大成若缺①，其用不弊②。大盈若冲③，其用不穷。大直若屈④，大巧若拙，大辩若讷⑤。

（四十五章）

〔注释〕

①成：善。

②弊：衰竭，停止。

③冲：本为"盅"，空虚。

④屈：弯曲。

⑤讷（nè）：语言困难。

〔译文〕

最完满的东西好像有欠缺一样，但它的作用不会衰竭。最盈实的东西好像空虚一样，但它的作用没有穷尽。最直的东西好像弯曲一样，最灵巧的东西好像笨拙一样，最好的辩才好像说话迟钝一样。

〔解读〕

从表面上看，"大成若缺"之类讲的是事物的外在表现与其真实情状之间的辩证关系。最完满的事物与人格，表面上似乎都有所欠缺，实际上则不然。为什么会这样呢？如果完满的东西，外在的表现也很完满，则必然会招致损害；而表现得不完满，就能够避免损伤。再者，老子是借此强调内敛含藏的重要。人即使有无碍的辩才，也不应当处处逞口舌之利，而应当含藏内敛，给人以木讷的感觉。因此，人们自己要敛藏自己，而对待他人也不能以外在表现取人或者以貌取人。懂得敛藏，别人就不能与之争锋；不以貌取人，则不会失人或为人所伤。

静胜躁，寒胜热。清静为天下正①。

（四十五章）

〔注释〕

①正：模范。

〔译文〕

宁静胜过躁动，寒冷胜过暑热。清静无为可以作为天下的榜样。

〔解读〕

清静的人之所以能够作为天下的楷模，主要原因在于不妄动、妄为，不用私意。所谓生于贫贱而安于贫贱，也是这个意思。如果不安于贫贱，而贪求富贵，就难免会妄为，乃至于杀人放火。当然，生于贫贱的人也不是不能求富贵，而是应以其道得之。换言之，就是不强求而顺其自然。

祸莫大于不知足，咎莫大于欲得^①。故知足之足，常足矣^②。

（四十六章）

〔注释〕

①咎（jiù）：罪过。
②常足：永远满足。

〔译文〕

祸患没有比不知道满足更大的了，罪过没有比贪得无厌更大的了。所以，知道满足的这种满足，是永远的满足。

〔解读〕

普通人要是不知足，乃至于贪得无厌，肯定会有麻烦；帝王要贪得无厌，天下就会祸乱不止，兵革丛生。因此，人应当学会知足。学会知足，很重要的一点就是要学会放弃。人们通常都想获取，而不愿意放弃，更不愿意把到手的东西放弃掉。其实，放弃比获取更重要，也更难。一个懂得放弃的人，才是真正懂得获取的人。放弃与人的恩恩怨怨，才能赢得人的支持；放弃过去的成就，才能赢得未来更大的成就；放下包袱，才能轻装上阵；放下屠刀，才能立地成佛。

鉴远忘知

不出户①，知天下；不窥牖②，见天道。其出弥远③，其知弥少。是以圣人不行而知，不见而明，不为而成。

（四十七章）

〔注释〕

①户：单扇门。

②窥：窃视。 牖（yǒu）：窗子。

③弥：愈，更加。

〔译文〕

不用出门，就能够知道天下的事理；不用望着窗外，就能了解自然的规律。越往外追逐，所能够知道的事理就越少。所以，圣人不用出行就能知晓，不用去看就能明白，不用作为就能成就。

〔解读〕

　　老子注重内在的直观自省，而不看重外在的经验知识。在他看来，人的心本来是虚静灵明的，人只要除却心灵的尘垢，就可洞察事物的真情实况。这种注重返观内省的认识论，是中国传统最基本的认识理论。孔子也讲"我欲仁，斯仁至矣"，孟子也说"万物皆备于我，反身而诚，乐莫大焉"。因而，人不必驰逐于外，如果要向外追寻，那么越追寻则离道越远。不过，用现在的眼光看，知识见闻不可作为求道的凭借，也不应废止；思虑也是如此。人应当时时返观内省，但一味如此，就会落入神秘主义的泥坑。

为学日益①，为道日损②。损之又损，以至于无为。

（四十八章）

〔注释〕

①为学：指对于仁义、圣智、礼法的追求。这些学问可以增加人的知见与智巧。

②道：指自然之道，无为之道。

〔译文〕

研究仁义、礼法这些世俗的学问，伪作奸邪一天天增多；修行自然之道，私欲一天天减少。减约而又减约，一直达到无为。

〔解读〕

直观内省的体认方式和注重知识积累的认知方式，两者最大的不同，就是前者要忘、损，后者则要记、益。人要获得对客观世界的经验知识，就必须不断学习、记忆和思考，日积月累，知识就越来越丰富。求道或者说获得内在的体验则不然，必须能忘，不仅要忘掉世俗的知识、规范、价值，而且要忘掉自身的存在，才能从外在的种种束缚中超越出来，体味到宇宙生命的真实。老子反对"为学"，反对积累知识，而主张直观内省。老子所主张的直观内省，与儒家还有所不同，儒家的内省是用一个外在的标准，如仁，作为内省的标尺，而道家的内省严格来讲不是内省，而是忘怀一切的纯粹直观。

浑心袭常

圣人常无心①，以百姓心为心。善者，吾善之；不善者，吾亦善之，德善②。信者，吾信之；不信者，吾亦信之，德信。圣人在天下，歙歙焉③，为天下浑其心④，百姓皆注其耳目⑤，圣人皆孩之⑥。

（四十九章）

〔注释〕

①常无心：永远没有私心。

②德：通"得"。

③歙（xī）歙：收敛，谨慎。

④浑：使……浑沌。

⑤注：专注。

⑥孩：婴孩，儿童。此处为使动用法。

〔译文〕

　　有道的人永远没有私心，以百姓的心为心。善良的人，我善待他；不善良的人，我也善待他，这样可使人人向善。守信的人，我信任他；不守信的人，我也信任他，这样可使人人守信。有道的人治理天下，收敛自己的意志，使天下之人的心灵归于浑沌朴拙，百姓都关注他们自己的耳目是否聪明，有道的人都要让他们复归到婴孩般纯真的状态。

〔解读〕

　　老子主张得道的人治理天下，没有私心、私见，对善良与不善良的人、诚实与不诚实的人一视同仁。这是一种朴素的平等和民本思想。善与不善的划分，是用社会的、人为的、约定俗成的标准。这种标准是相对的，甲认为善的东西，乙可能认为是不善，反之亦然。既然用相对的标准来划分，那么划分的结果也是相对的，因此并没有绝对可靠的理由支持我们不善待不善的人。换言之，善良的人与不善良的人都是人，作为人，他们是平等的，至于道德修养和行为上的不同，并不应该成为不平等对待他们的理由。只有不用道德的标准来衡量人而平等待人，才能得人。

天下有始①，以为天下母②。既得其母，以知其子③；既知其子，复守其母，没身不殆。

（五十二章）

〔注释〕

①始：本始，指"道"。
②母：本原。
③子：指万物。

〔译文〕

天下有本始，作为天地万物的根源。已经知晓万物的根源，就能认识万物；已经认识万物，还仍然持守天地万物的根源，终身都没有危殆。

〔解读〕

人守道而不失，就不会以世俗的得失为意，也就没有忧患。道家所推重的就是这种人格。儒家则不然，所谓"达则兼济天下，穷则独善其身"，表面上看起来也很豁达，实际上还是以穷、达作为自己行为的依据。道家则不是这样。穷也好，达也罢，都无所谓，自己还是自己，该怎么做还是怎么做。所以，就做人而言，道家比儒家真实。

塞其兑①，闭其门②，终身不勤③。开其兑，济其事④，终身不救。

（五十二章）

〔注释〕

①兑：口，指嗜欲的感官。兑为八卦之一，《周易·说卦》曰："兑，说也。""兑为口。""兑为口舌。"

②门：门径。

③勤：劳。

④济：增加。

〔译文〕

堵塞嗜欲的孔窍，关闭嗜欲的门径，终身都不会有劳碌烦扰。打开嗜欲的孔窍，增添繁杂的事务，终身都无法救治。

〔解读〕

俗话说"欲壑难填"，人如果有了欲望，那么就会不停地追名逐利，很难有休止的时候。追求金钱的人在很累很烦的时候讲，我再赚一点就不赚了，其实很难做到。只要有赚钱的心在，不管多累多烦，还会拼命去赚。人误认为自己能够控制住欲望，其实不然。欲望就像一架会自动运转的机器，只要被启动，就很难停下来。欲望有它的惯性，不是想控制就能控制的。如果说人真能控制欲望的话，那么唯一的方式不是去控制它，而是根除它。人只有根除欲望，而不是控制欲望，才能不被欲望所控制。

见小曰明①，守柔曰强。用其光②，复归其明③，无遗身殃；是为袭常④。

(五十二章)

〔注释〕

①小：细微。

②光：智慧之光。

③明：内省之明。

④袭常：承袭永恒的道。

〔译文〕

能察见细微的叫"明"，能持守柔弱的叫"强"。用智慧之光，返照内在的"明"，不给自己带来灾殃；这就叫永继不绝的常"道"。

〔解读〕

能够见微知著的人才是有智慧的人，能够处弱不争的人才是强人。能够运用智慧之光返照内在的光明，守住常道，才不会给自己带来灾殃。

无施守柔

使我介然有知①，行于大道，唯施是畏②。大道甚夷③，而民好径④。朝甚除⑤，田甚芜，仓甚虚；服文彩，带利剑，厌饮食⑥，财货有余；是谓盗夸⑦。非道也哉。

（五十三章）

〔注释〕

①使：假如。 介：微小，稍微。

②施（yí）：斜，邪。

③夷：平坦。

④径：邪路。

⑤除：修饰。

⑥厌：饱足。

⑦盗夸：大盗，强盗的首领。

〔译文〕

假如我稍微有一点认识，行走于大道之上，唯一担心的就是走上邪路。大道极为平坦，可是人却喜欢走邪径小路。朝廷装饰豪华，极为腐败，农田非常荒芜，仓库十分空虚；还穿着锦绣的衣服，带着锋利的宝剑，吃着精美的食物，搜刮来的财物用也用不完；这种人简直是强盗头子。实在是太不合乎道了。

〔解读〕

"唯施是畏"的"施"与"迤"同，就是邪路的意思。所谓邪路，就是后面所讲的腐败、奢侈、搜刮民脂民膏等强盗行径。老子在周王室呆的时间足够长，对周王室和诸侯们了解甚深，对各种腐败行径也知道得足够多，因而在他看来，这些所谓的统治者与强盗们并无分别。这也就是庄子所讲的"窃钩者诛，窃国者为诸侯"。更为可恨的是，这些人还打着治天下的幌子，整天还叫嚷着爱民、为民，标榜自己是大公无私的。其实，不仅当时如此，此后的历朝历代又何尝不是这样。遗憾的是，老子的所见不可谓不深刻，而提出的解决办法，还是寄希望于统治者能够自觉地管束自己。

善建者不拔①，善抱者不脱②，子孙以祭祀不辍③。修之于身，其德乃真；修之于家，其德

乃余；修之于乡，其德乃长^④；修之于邦，其德
乃丰；修之于天下，其德乃普。

（五十四章）

〔注释〕

①拔：拔除。

②抱：牢固。 脱：脱离。

③辍（chuò）：停止，断绝。

④长：尊崇。

〔译文〕

善于建树的不可拔除，善于抱持的不会脱落，如果子孙能遵行这
个道理，那么世世代代的祭祀都不会断绝。用这个道理来修身，他的
德才会是真实的；贯彻到一家，他的德就可以有余；贯彻到一乡，他的
德才会受到尊重；贯彻到一国，他的德才能丰盛；行使于天下，他的德
就能普遍。

〔解读〕

"善建""善抱"，可以理解为一般的善于建树、善于抱持，也可

以理解为建的对象是德，而抱的对象是"道"。不管是哪一种理解都反映出老子强调修身的思想。强调修身，可以视为"内圣"；而推及于家、国、天下，则可以视为"外王"。因此，可以说道家也是讲内圣外王的。不过，道家的内圣和儒家的内圣有根本的区别。道家的内圣，不是用世俗的、外在的标准，如仁、义、礼、智之类，而是用自然的、内在的东西即道、天来修身。道家讲内圣的目的，也不是像儒家那样为了外王。外王对道家而言，不过是内圣的自然延伸，实是内圣的余事。内圣外王之事，都涉及人与人的关系。道家不像儒家要人与人相敬相爱，更不是让人与人之间的关系如胶似漆，而是希望达到人与人之间的关系如鱼在水而自然相忘。善于建树和善于抱持的人，对待他人与外物，都是采取这种态度。

知和曰常①，知常曰明。益生曰祥②，心使气曰强③。物壮则老，谓之不道，不道早已。

（五十五章）

〔注释〕

①常：指永恒不变的规律。

②益生：纵欲贪生。 祥：作妖祥、不祥解。

③心使气：欲念放纵任气。 强：逞强，暴。

〔译文〕

知道淳和就叫"常"，知道"常"就叫"明"。贪生纵欲就是灾殃，欲念支配精气就叫逞强。事物强壮起来就会趋于衰老，这就叫不合于"道"，不合于"道"很快就会消亡。

〔解读〕

修身、养生要顺其自然，而处理人间事务，更要顺应自然，过分强求，难免招灾惹祸。

和光同尘

知者不言①，言者不知②。

（五十六章）

〔注释〕

①知者不言：表面意思是知道的人不说话，深层意思是智者不向人民施加政令。"知"作"智"解。

②言者不知：表面意思是说话的人不知道，深层意思是发号施令的人不是智者。"知"同样作"智"解。

〔译文〕

智者是不向人民施加政令的，施加政令的人就不是智者。

〔解读〕

"知者不言，言者不知"的"知"，既可以认为是知晓的知，也可以认为是智慧的智，都通。这八个字包含的意思很丰富，既可以理解为是对一般的日常生活中的一些现象的描述，也可以理解为是专就"道"的问题而言，还可以理解为是就政治而言的。就日常生活现象而言，总喜欢发表意见的人，并不见得对事情了解多少；而总发表议论，也是不聪明的表现。就"道"而言，"道"是不可说的，所以谈论"道"的人并没有真正得"道"。就政治而言，有智慧的统治者是不轻易发号施令的，而习惯于发号施令的统治者并不明智。

挫其锐，解其纷，和其光，同其尘，是谓"玄同"①。

(五十六章)

〔注释〕

①玄同：玄妙混同的境界，即道的境界。

〔译文〕

挫掉锋芒，消解纷扰，含敛光耀，混同尘世，这就是玄妙同一的境界。

〔解读〕

"和光同尘",常被后来的士大夫们当作座右铭;而中国人也常劝人不要锋芒太露,原因就在于人们并不愿意和傲慢的人、锋芒毕露的人相处。锋芒太露、待人傲慢的人,也是容易遭受挫折的人。所以,老子劝人要挫掉锐气,不要显露锋芒;要善于妥协,不要起纷争;要韬光养晦,不要露才扬己;要混同尘世,不要独清独醒。这种处世哲学,并不为道家所独有,儒家也有,而且深入民间,非常流行。中国传统社会缺乏活力,与这种处世哲学的流行有很大的关系。现代社会是需要锐气与活力的社会,现代的年轻人更需要有特立独行的精神,所以这种处世哲学应当说是与现代社会不相适应的。但是,如果一个年轻人要想很好地融入社会,与周围的人打成一片并能有所发展,那么可能还需要从这种处世哲学中获得启迪。

祸福相倚

祸兮，福之所倚①；福兮，祸之所伏②。孰知其极③？其无正也④。正复为奇⑤，善复为妖⑥。人之迷，其日固久。是以圣人方而不割⑦，廉而不刿⑧，直而不肆，光而不耀。

（五十八章）

〔注释〕

①倚：倚傍，依靠。

②伏：隐藏，潜伏。

③极：终极的结果。

④正：定准，标准。

⑤奇：诡异不正，邪。

⑥妖：恶。

⑦方：方正。　割：割伤人。

⑧廉：利。　刿（guì）：伤。

〔译文〕～～～～～～～～～～～～～～～～～～～～～～～～～～

祸啊，福因之而生；福啊，祸就潜伏其中。谁知道它们的究竟？它们并没有定准。正忽而转变为邪，善忽而转变为恶。人们的迷惑，已经有很长的时间了。因此，有道之人的言行方正而不伤害人，直率而不放肆，光明而不刺耀。

〔解读〕～～～～～～～～～～～～～～～～～～～～～～～～～～

人们都追求幸福，然而幸福里面潜藏着灾祸；人们都厌恶灾祸，然而灾祸里面也许隐藏着所谓的幸福。人们所熟知的"塞翁失马"的故事讲的就是这个道理。祸福变化无端，所谓奇正善恶也是如此。但是人们并不明白这个道理，或者即使明白这个道理也不遵行。真正有大智慧的人则不然，他们能够辩证地看待和处置这些事情。辩证法的妙处，不仅是让人能够正确地认识事物的发展变化，而且是让人能够保持平常心，祸来不忧，福至不喜。中国人凡事不走极端，而喜欢中庸，原因就在于此。

深根固柢

治人事天①，莫若啬②。

（五十九章）

〔注释〕

①事天：保养天赋。"天"一作"自然"解，一作"身"解。今译从后者。

②啬（sè）：爱惜，保养（精神）。

〔译文〕

治理民众、修身养性，没有比爱惜精力更重要的了。

〔解读〕

儒、道两家的学术，目的是一致的，都是希望能通过某种途径而使得天下清晏、人民安居乐业；甚至也都是主张通过统治者的自我修为来解决现实问题。然而，两家所提出的修身、治国的方略又是如此不同: 道家认为儒家之学是乱人之性, 无愧而不知耻, 儒家则认为道家蔽于天而不知人。但是两家针对对方所提出的问题也值得注意。特别是在有人大力主张复兴儒学的情况下, 道家对儒家所提出的批评更值得我们三思。

为无为，事无事，味无味。大小多少^①。图难于其易，为大于其细；天下难事，必作于易；天下大事，必作于细。是以圣人终不为大^②，故能成其大。夫轻诺必寡信^③，多易必多难。是以圣人犹难之^④，故终无难矣。

（六十三章）

〔注释〕

①大小多少：大生于小，多起于少。

②终不为大：始终不自以为大。

③寡：少。

④犹：均，都。

〔译文〕

以无为的态度去作为，以无事的方式去做事，以恬淡无味为味。大生于小，多起于少。处理困难的事要从容易的入手，成就大事要从细微开始；天下的难事，必定从容易的开始；天下的大事，必定起于细微。所以，圣人始终不自高自大，因此就能成就大事。轻易允诺必定会很少守信用，把事情看得太容易必定会遇到困难。所以，有道的人把什么事情都看得很困难，因此始终不会有困难。

〔解读〕

"为无为"等,核心就是顺应自然。只有顺应自然,而不用私意,不为外物所惑,才能有所成就。摆渡的人之所以能撑船如神,就是因为不受外物的左右,而能顺其自然。同时,还不能认为只要顺应自然,所有问题都能迎刃而解。因此,老子教人要"图难于其易,为大于其细"。人确实必须有谨慎的态度,见微知著的智慧,细心周密的思考,从小事做起的方略,慎终如始的精神,才能够有所成就。

愚民配天

古之善为道者，非以明民①，将以愚之②。

（六十五章）

〔注释〕

①明民：让百姓聪明巧智。

②愚之：使百姓质朴淳厚。

〔译文〕

古代善于行道的人，不是让民众变得聪明，而是使民众淳朴。

〔解读〕

老子确实有很严重的愚民思想。孔子也是这样，有所谓"民可使由之，不可使知之"的说法。有人激于道德的义愤或不同的政治主张而指责他们的这种愚民思想为保守、落后，其实是对老子等人的思想缺乏理解。老子和孔子讲要愚民，都并非是想让民众变得愚昧可欺。特别是老子，他对统治者不顾人民死活、肆意玩弄和践踏民众的行径都提出了强烈的抗议。他们主张愚民，不可否认有从统治者的角度考虑的一面，但更重要的是他们认为民众的智慧开启之后，必然诈伪萌生，即"智慧出，有大伪"。可以说愚民思想乃是其反智主义思想的必然，也是其中非常重要的一环。

民之难治，以其智多①。故以智治国，国之贼②；不以智治国，国之福。

（六十五章）

〔注释〕

①智多：多智巧伪诈。
②贼：害。

〔译文〕

民众难以治理，是因为他们有太多的智巧心机。所以，用智巧心机治理国家，是国家的灾难；不用智巧心机治理国家，是国家的幸福。

〔解读〕

民智开启之时，就是民众开始认识到自身利益之日。民众一旦认识到自身的利益，就要维护和争取自身的利益，而统治阶层的日子就不太好过了。要是从维护统治阶层的利益出发，可以说"民之难治，以其智多"。因此，在一定程度上，老子在谴责肆意剥削民众的统治者是强盗头子的时候，也还真是设身处地为他们着想。不过，老子要民愚，也要统治阶层愚，实是上下交相愚。与希望民众愚相比，其实老子更强调统治阶层的愚，希望统治阶层不要用心智和权谋统御天下，愚弄百姓。

善为士者①，不武②；善战者，不怒；善胜敌者，不与③；善用人者，为之下。是谓不争之德，是谓用人之力，是谓配天④，古之极⑤。

（六十八章）

〔注释〕

①士：卿士。这里指执权者，统帅。

②不武：不炫耀武力。

③不与：不相斗，不交战。

④配天：符合自然的道理。

⑤极：极准，最高的法则。

〔译文〕

善于做将帅的人不炫耀武力，善于作战的人不怨怒，善于战胜敌

人的人不与敌争，善于任用人的人谦下。这叫作不与人争的道德，这叫
作善于用人的能力，这叫作符合天道，是古时最高明的境界。

〔解读〕

　　"处下"与"不争"是老子思想的重要方面，老子讲"不武""不
怒""不与""为之下"都是要突出"不争"和"处下"。

知我者希

吾言甚易知，甚易行。天下莫能知，莫能行。言有宗①，事有君②。夫唯无知，是以不我知。知我者希，则我者贵③。是以圣人被褐而怀玉④。

（七十章）

〔注释〕

①宗：主旨。

②君：根据。

③则：效法。 贵：难能可贵。

④褐(hè)：粗布衣。 玉：指道家的思想主张。

〔译文〕

我的话很容易明白，很容易实行。天下却没有人明白，没有人实行。言论有主旨，行事有根据。正因为天下人不了解这些道理，所以不了解我。了解我的人很少，取法我的人也很难得。因此，有道之人穿着粗布衣服而怀藏美玉。

〔解读〕

　　老学在春秋战国时期不是显学，儒学和墨学才是显学。不是显学，关注的人就不多，乃至于老子的一生行迹，后世所知甚少。究其原因，

在于他的学说实是逆时代潮流而动。春秋战国，是多事之秋，诸侯们所想的不是清静无为，而是能有所作为，至少能保住自己的地位与疆土；普通民众与士人们所想的，也是能得名获利。老子的学说与这种潮流不合拍。因此，在一定程度上说，老子算得上是理想主义者。理想主义者的宿命，大多不为时代所接受。然而，也正是老子思想中所蕴含的理想主义光辉，和他对时代和社会政治与人生的深刻洞见，才使得他的思想能够传之久远，百世流芳。

知病无病

知不知，尚矣①；不知知，病也②。圣人不病，以其病病③。夫唯病病，是以不病。

（七十一章）

〔注释〕

①尚：上，最好。

②病：缺点。

③病病：把病当作病。

〔译文〕

知道却不自以为知道，最好；不知道却自以为知道，这是缺点。圣人没有缺点，因为他把缺点当作缺点。正因为他把缺点当作缺点，所以没有缺点。

〔解读〕

知道自己有所不知的人和知道却不自以为知道的人，都是有智慧的人；而强不知以为知和认为自己无所不知的人，都是愚蠢的人。所以，真正有智慧的人，对人事物理有深刻洞见的人，都认为自己是无知之人。因为他们清楚，人不是神，不可能无所不知、无所不晓，而所谓知与不知也都是相对而言的。

天之道，不争而善胜，不言而善应，不召而自来，绰然而善谋①。天网恢恢②，疏而不失③。

（七十三章）

〔注释〕

①绰（chǎn）：舒缓。

②天网：自然的范围。 恢恢：宽大，广大。

③失：漏失。

〔译文〕

天之道，不争夺而善于得胜，不说话而善于回应，不召唤而自动到来，宽缓而善于筹谋。自然的范围广大无边，稀疏而不会有一点漏失。

〔解读〕

天道无为而无不为，就像一个笼罩一切的大网似的，虽然看起来有很多网眼，很是疏漏，但没有什么东西能逃得脱。人的智谋也好，神的智慧也罢，都无法出其左右。因此，人最好的选择就是顺应天道，清静无为。不然的话，就是能够暂时避开眼前的灾祸，最终也是无处可逃。宗教有天堂地狱、善恶报应之说，民间有"种瓜得瓜、种豆得豆"之言，其理与"天网恢恢，疏而不失"是相通的。

民不畏死，奈何以死惧之？若使民常畏死，而为奇者①，吾得执而杀之②，孰敢？常有司杀者杀③。夫代司杀者杀，是代大匠斫④。夫代大匠斫者，希有不伤其手矣。

（七十四章）

〔注释〕

①奇：邪恶。

②执：拘押。

③司杀者：专管杀人的。指天道。

④斫（zhuó）：砍，削。

〔译文〕

人民不畏惧死亡，为什么要用死亡来恐吓他们？如果人民真的怕死的话，一旦有为非作歹的人，我们就可以抓来杀掉，谁还敢做坏事？永远有专管杀生的去执行杀的任务。代替司杀者去杀害生命，就如同代替木匠去砍木头。代替木匠去砍木头的人，很少有不砍伤自己的手的。

〔解读〕

　　老子所讲的不要"代司杀者杀"，表层的意思是告诫人们凡事不要越位，深一层的意思就是警告统治者不要代天行事、逆天而动，不要用苛刑暴政残害人民，不要动辄用刑杀来威胁人民，否则不会有好下场。

天道无亲

　　和大怨①，必有余怨，报怨以德②，安可以为善？是以圣人司左契③，而不责于人④。有德司契⑤，无德司彻⑥。天道无亲⑦，常与善人⑧。

（七十九章）

〔注释〕

①和：调和。

②这句原是六十三章的文字，当移于此处。

③左契：债权人所执的券契（合同）。

④责：求，讨债。

⑤司契：主管券契。

⑥司彻：主管税收。

⑦无亲：没有私亲。

⑧与：帮助。

调和深重的怨恨，必然还有余留的怨恨，用德来报答怨恨，怎么能以调和怨恨为善？所以，圣人保留借据的存根，但并不向人索取偿还。有德的人就像持有借据的人那样宽裕，无德的人就像掌管税收的人那样苛察。天道没有偏私，永远帮助善人。

〔解读〕

人们结怨之后，即使排解了，但还是会留下怨恨的根苗。所谓"相逢一笑泯恩仇"，其实泯灭不了。破镜可以重圆，但会留下裂痕。所以，化解怨恨的最好方式，是不结怨恨。如果不想与人结怨，就要不向人索取，同时因人顺时顺势而行。不向人索取而只是给予，通常能结下善缘。但要是给予的不好，也会招来人的怨恨，所以也得因人顺时顺势而行。

小国寡民

　　小国寡民①，使有什伯人之器而不用②，使民重死而不远徙③。虽有舟舆，无所乘之；虽有甲兵，无所陈之④；使民复结绳而用之⑤。甘其食，美其服，安其居，乐其俗。邻国相望，鸡犬之声相闻，民至老死不相往来。

（八十章）

〔注释〕

　　①小国寡民：使国家小，使百姓少。这是老子在古代农村社会基础上所理想化的民间生活情景。

　　②什伯（shíbǎi）人之器：相当于十倍百倍人工的器械。什，十倍。伯，百倍。

　　③重死：与"轻死"相反，以死为重，怕死。

　　④陈：通"阵"。摆列阵势。

　　⑤结绳：没有文字之前，古人用结绳来记事。

〔译文〕

　　国家小民众少，使民众即使有十倍百倍于人工的器械也并不使用，使民众重视生命而不向远方迁徙。虽然有船只车辆，但没有必要去乘坐；虽然有铠甲武器，也没有对象摆列阵势；使民众回到结绳记事的状态。使民众喜爱自己的饮食，佳美自己的服饰，安处于自己的居所，喜好自己的习俗。邻国之间可以相互看得见，鸡鸣狗吠之声可以互相听得到，而民众从生到死都不相往来。

〔解读〕

　　老子的理想国，是清静无为、民风淳朴的乌托邦。这样的乌托邦，也是后世文人学士孜孜以求的桃花源，不是向前看的结果，而是向后看的产物。在老子看来，社会历史的发展，实是人走向堕落和社会走向混乱的过程，因而他们不可能向前看，而只能向后看；只能主张复古，而不可能主张发展。这样的复古，并不是对社会现实的逃避，不是虚构一个乐园来聊以自慰，而是对现实的反抗和批判，是以复古求解放。通过他们幻想的这个平和宁静的乐园，人们更能清楚地看到现实的污浊与黑暗。

信言不美

　　信言不美①，美言不信②。善者不辩③，辩者不善④。知者不博⑤，博者不知⑥。圣人不积⑦，既以为人⑧，己愈有；既以与人，己愈多。天之道，为而不害；圣人之道，为而不争⑨。

（八十一章）

〔注释〕

①信言：真实的话语。

②美言：华丽的言词。

③善者：善良的人。

④辩者：巧辩的人。

⑤知者：由于专一，故不广博。

⑥博者：所接触的广，故不能专工深知。

⑦不积：指不积累财物。

⑧既：尽，全部。

⑨为：帮助。

〔译文〕

　　真实的言论不华美，华美的言论不真实。善良的人不诡辩，诡辩的人不善良。有真知的人不广博见闻，广博见闻的人未必有真知。圣人不私自积藏，尽量帮助别人，自己也更加充足；尽量给予别人，自己也更加富裕。自然的法则，利物而不害；圣人之道，施助而不争夺。

〔解读〕

　　我们可以把这一章看作是《老子》全书思想的浓缩。《老子》没有华美的言辞，也没有雄辩，更不是无所不包，然而对宇宙、社会、人生的把握和申述却能称得上真、善、智。老子教人要助人、施与、不争，更是表现出博大的胸怀和高远的境界。不过，老子不是宗教家，他也没有以救世主自居，这就更加可贵。庄子说："明见无值，辩不若默。"在说了很多之后，我们也应归于沉默。老子的智慧，需要我们在沉默中领会。

阅读（备考）方案

《老子》是本什么样的书？

　　春秋战国时期，思想文化领域百家争鸣，群星璀璨。群星之中的启明星是老子——中国历史上第一位哲学家。《老子》即《道德经》，是中国最早的一部具有完整理论体系的个人著述。

一、迷离的身世

　　有关老子的生平，唯一可靠的资料是汉代司马迁的《史记·老子韩非列传》。然而，这篇传记也有不清楚的地方。司马迁说老子是"楚苦县（今河南省鹿邑县）厉乡曲仁里人，姓李氏，名耳，字聃"。就姓氏而言，春秋240年间无李姓，但有老姓，因而老子可能原本就姓老。老子的生卒年也不清楚。据专家考证，老子约生于公元前570年左右，比孔子（前551—前479）年长；至于卒年则没有定论。

　　老子曾做过周王朝的史官，具体为何种史官，有几种不同的说法，如守藏史、柱下史、征藏史、太史、小史等。一般流行的说法，认为是守藏史，相当于现在的国家图书馆馆长。后老子看到周室日渐衰微，就离开了。在出关的时候，守关的官员见老子要归隐，就请他写书。于是，老子就写了一部五千字左右的书，分上下篇，主要讲"道"和"德"的问题，后人尊之为《老子》。

司马迁为老子作传的时候，还谈到了老莱子和太史儋，因此，也有人认为老莱子或太史儋就是老子；还有人认为《庄子》中提到的太公任是老子。这几种说法，有一定的依据，但牵强附会的成分居多，很难采信。

《史记》讲老子作《老子》，但也有人认为《老子》不是老子写的，而是出于战国中期或更晚。1993年湖北省荆门市郭店一号楚墓出土了一批竹简，其中有《老子》的若干片段，证明了这种说法并不成立。然而，又有学者据此提出，战国时的太史儋曾托名老子，现在流行的《老子》实际上是太史儋的书和老聃的书的合成品，而老子也确实有两个。这种观点，还有待进一步研究。

二、深邃的思想

《老子》熔哲理、诗情、玄言于一炉，文约而义丰，虑大而思精，蕴藏着大智慧。《老子》思想围绕"道"而展开。在老子论道之前，人们通常认为"帝""天"乃是至高无上的主宰，人要信奉"帝""天"之类的神，或神在人间的代言人（如王与巫），遵守神所定的准则。老子历览此前各代之成败得失，结合其人生经验，认识到神并不能保佑人，现实的道德规范也并不能作为人生活的准则，提出"道"才是天地万物的根本，是人的精神家园，是人所应遵行的生活准则。

老子所讲的"道"，原来的意思就是道路，但老子将其抽象化为永恒的道路、永恒的行事规则。平常所讲的道路、日常的行事规则都是可以说的，但"道"却不能用语言来表述，人也不能通过语言来了解和把握"道"。这个"道"虽然不能用语言表述出来，但它在天地万物没有产生之前就存在，并且是天地万物的总根源、总动力，天地万物的运行也以"道"为法则。因此，人可以从天地万物的运行中去领悟"道"，也可以在抛除一切私欲、杂念而达到心境的空明宁静中把握"道"。

老子把"道"看作是宇宙万物的根本，讲宇宙的起源，谈万物的根源，主要还是为了讲现实的人生和政治，就是让人要像天地万物的运行一样行事。如：天地是"无为"的，即没有刻意要做什么，人也应当无为，不要妄作；万物是没有思想和欲望的，人也应该舍弃思想，根除种种欲望，像婴儿一样无欲、无思、无智；江海之所以能纳百川，是因为江海处在低下的位置，人要有所成就，也要像江海一样处下、不争等等。人们在日常生活中应当如此，政治、军事等方面也需这样。这也就是学者们通常讲的：老子哲学乃是从天道推及人道。

老子深察天道，而从天道推演人道的思想，无论是从当时还是现在的角度看，都是非常深邃的，可以说是中国思想史上的一场革命。它既打破了天神论传统，也超越了从具体事物寻求万物根源的思想，更超出了从人的日常行为规范确定生活和政治准则的理论。这种思想的表述虽然是朴素的，但因其高明、深刻而产生了深远的影响。

三、深远的影响

老子是道家学说的创始人，是中国文化史上第一位以理性的、清醒的态度看待自然世界和人类事务，并加以系统论证的哲人。春秋战国时期的其他思想家，大体都是沿着老子所开辟的道路而往不同的方向发展。可以说，以老子为代表的"道家之学，实为诸家之纲领"。法家、名家和阴阳家都是道家的支流余脉。孔子曾问礼于老子，他开创的儒家学派也受到了老子的影响。

战国中期以后，各家各派从本派的立场综合百家之学，都想提出一种可以一统思想的理论。在这种学术合流的趋势之下，道家思想显示出强大的优势。如：荀子以儒学为主，折中调和各家思想的时候，不得不将根基建立在道家的"道"上；《吕氏春秋》则是以道家为主的综合性著作。

在汉武帝"独尊儒术"之后，道家没有像墨家、名家等一样走上不归路。东汉时期王充等人深受道家思想的影响，批判社会现实，使道家学说再次显示出强大的生命力，从而为魏晋玄学的产生铺平了道路；严遵、河上公等对老子学说的阐发和东汉中期以后黄老道的流行，又为道教的产生创造了条件，老子便成为了中国土生土长的道教教主。

　　纵观中国文化的各个方面，以老子为代表的道家都有深远的影响。哲学领域，特别是在形而上学、认识论、方法论等方面，道家学说具有开创性；文学艺术领域，道家开辟了中国的审美之路；科学领域，道家特别是老子思想对中国科学技术的发展有巨大的推动作用；政治领域，老子的学说常被视为"君人南面之术"，为历代统治者所利用；宗教领域，不但在道家的基础上出现了道教，佛教在中国化过程中也大量吸收了道家的哲学思想。

　　老子的学说在现代又被重新发现，并被赋予了新的意义。一位获得过诺贝尔奖的科学家说："早在两千多年前，老子就已经预见到了今天人类文明的状况，或者这样说也许更正确：老子当时就发现了一种形势，这种形势虽然表面上完全不同于人类今天所面临的形势，但事实上二者却是很相似的。可能正是这个原因，他才写下了《老子》这部奇特的书。不管怎么说，使人感到惊讶的就是，生活在科学文明发展以前某一时代，老子怎么会向近代开始的科学文化提出那样严厉的指控。"还有科学家和思想家认为，《老子》提供了最深刻并且最完善的生态智慧和人文精神。现代的科学家、思想家、政治家们对《老子》的赞誉或许有些过度，但确实如一位英国的科学史家所言："中国人性格中有许多最吸引人的因素都来源于道家思想。中国如果没有道家思想，就会像是一棵某些深根已经烂掉了的大树。"

《老子》有三种本子，即一般人习用的通行本、马王堆汉墓出土的帛书甲乙本和郭店楚墓出土的竹简本。通行本的分章有分八十一章、分七十二章和分六十八章三种情况。我们所选的《老子》原文取自通行本中的王弼注本，共分八十一章，其中有些文字参照其他版本校定。

本书中，作者对精选的《老子》原文按内容做了分类，在正文中注明了选文所在的原章节，以方便查阅。

（陆玉林）

《老子》就在我们身边

一说到"经"，我们马上想到《金刚经》《易经》《圣经》与《诗经》等文化典籍，然后立马又会想到"和尚念经，有口无心"这句俗语。"经"本是"经典"的意思，为何诵读经典会用"念经"来形容，且"有口无心"呢？或许在许多人的意识中，都觉得"经"是深奥晦涩的，非一般人看得明白，于是人人望而生畏，闻而心烦，谈"经"色变！

我们现在面对的《老子》这本书，又称《道德经》，也是"经"，同学们是否也有如此这般的畏惧心理？是否想象着如果展开《老子》，老子便立即变成"拍唱催眠之乳母"（钱锺书《小说识小》），让你瞌睡虫立马上来，然后酣然入睡呢？

这是一种误解，是意识当中先入为主的恐惧；《老子》源于生活，与生活息息相关，它平易、简朴、自然，处处透着朴素的人生哲理，同学们如果以平常心来读，必然能收获人生的大彻大悟。不是这样吗？《老子》其实就在我们身边。

《老子》就在我们身边，可以从《老子》一书中产生的成语之多表现出来。《老子》一书虽仅五千余字，而成语竟有几十个之多。我们较为熟悉的有：

　　　　天长地久　上善若水　知人者智,自知者明　大器晚成　知
足不辱,知止不殆　大巧若拙　出生入死　知者不言,言者不
知　福祸相倚　以德报怨　千里之行,始于足下　慎终如始,则
无败事　民不畏死,奈何以死惧之　损不足以奉有余　小国寡
民　鸡犬相闻　信言不美,美言不信

这些成语,有的意思与《老子》书中的一致,如"知足不辱,知止不
殆",它强调人的欲望不能太大,要知足,要知道节制;有的在后世的
流传中逐渐被赋予了新的含义,如"功成名遂",原指成就了功业,才
有声名,是承接关系,后引申为功绩和名声都已取得,是并列关系。有
些成语是《老子》的原文,如"大巧若拙""福祸相倚";有些成语是
《老子》语的缩写,如"哀兵必胜",原文为"抗兵相加,哀者胜矣"。
无论是哪种形式的成语,无论其意义在流传中是否变化,《老子》一书
所出成语之多,就说明老子的思想在我们的生活中仍广泛地应用,就
说明老子的思想已进入了我们民族的文化血液当中,说明他的智慧之
光依然在我们的生活中闪耀。不是吗? 我们对身处困境的失意者,不是
常用"祸福相倚"来安慰,希望"祸"后为"福"? 对于暴富不仁者,不
是也以"祸福相倚"来诅咒,让其"福"后为"祸"? 我们期望人做事脚
踏实地,从小事做起,要不停积累,不是常以"千里之行,始于足下"来
鞭策鼓励? 我们表扬年岁大的成功者,不是常称其为"大器晚成"? 语
言表达思想,语言的常用,即为思想的不过时,具有永恒的价值。因而,

我们完全可以说：《老子》就在我们身边。

　　《老子》就在我们身边，还可以从书里直接描述社会生活的文字中反映出来。《老子》是一部哲学著作，是对生活的抽象概括，相对于史书与诗歌来说，它较为抽象；但其中也有许多章节、许多文字是对生活的直接反映。如三十一章曰：

　　　　夫兵者，不祥之器，物或恶之，故有道者不处。君子居则贵左，用兵则贵右。兵者不祥之器，非君子之器，不得已而用之，恬淡为上。胜而不美，而美之者，是乐杀人。夫乐杀人者，则不可得志于天下。吉事尚左，凶事尚右。偏将军居左，上将军居右。言以丧礼处之。杀人之众，以悲哀泣之，战胜以丧礼处之。

为何古代战争如此地讲究"礼"反对"诈"，原因在"兵者，不祥之器"，只能在"不得已"的情况下"而用之"，即使"用"也应"恬淡为上，胜而不美"；如果"美之"，这是"乐杀人"。于是，出兵"以丧礼处之"，"战胜以丧礼处之"。从中我们还知道为何春秋战国时战车上"上将军居右"，为何"以右为尊"？因为"吉事尚左，凶事尚右"，用兵乃"凶事""则贵右"。这是对当时社会生活与人们对战争认识的最直接反映，可见当时的战争思想。我们以此思想去看《左传·僖公二十二年·子鱼论战》，就明白宋襄公为何拒绝司马"彼众我寡，及其未既济也，请击之"的建议，就能理解他战败后那句"君子不重伤，不禽（擒）二毛"的淳朴天真之气。我们对威灵顿（Wellington）所谓"战败最惨，而战胜仅次之"（Next dreadful thing to a battle lost is a battle won）这句话当有更深的体会。从老子此则论述中，我们又可看出当时的战乱年年，百姓的苦不堪言，让本应平和理智的哲学著作《老子》，也充满着愤怒的情绪。他不是断言"乐杀人者，则不可得志于天下"？他在三十章中不是进一步说"以道佐人主者，不以兵强天下"？他描绘战后情景不是说道"师之所处，荆棘生焉。大军之后，必有凶年"？他在四十六章中不是把和平景象与战争进行对比，"天下有道，却走马以粪；天下无道，戎马生于郊"？战乱这一现实，在《老子》一书中反复呈现，社会不公在他的书中也反复呈现。他在七十五章中道："民之饥，以其上食税之多，是以饥。民之难治，以其上之有为，是以难治。民之轻死，以其上求生之厚，是以轻死。"；七十四章道："民不畏死，奈何以死惧之？"这些言论，几可作《水浒传》的开篇卷语词，可以概括历代动乱的根源，甚至于现今社会也不无警示作用。孔子说"举直错（措）诸枉，能使枉者直"，子夏解释曰："舜有天下，选于众，举皋陶，不仁者远矣。汤有天下，选于众，举伊尹，不仁者远矣。"（《论语·颜渊》）孔子以为选择正直的人安置到邪恶的人之上，能够使邪恶的人变为正直的人，这是从正面看问题；而背后的现象是"举枉错诸直，能使直者枉"，"上梁不正下梁歪"，"乱自上作"！老子就是从反面来看问题，对统治者的穷奢极欲、穷兵黩武，对百姓的生死挣扎、奔波无告，不讳言、不惧言，大书特书。从这个角度看，我们也可以说，《老子》就在我们身边。

除大章大块地反映生活、揭露社会之外,《老子》善用比喻说理;这些比喻,也源自生活。如十二章曰:

> 五色令人目盲,五音令人耳聋,五味令人口爽,驰骋畋猎令人心发狂,难得之货,令人行妨。是以圣人为腹不为目,故去彼取此。

排比句,从视觉、听觉、味觉和行动等几个方面展开举例,由表及里,推断出"圣人为腹不为目,故去彼取此"的观点。再如二十四章:"企者不立,跨者不行,自见者不明,自是者不彰……"前两句来自生活,以引出后面人生哲理。六十四章:"其安易持,其未兆易谋,其脆易泮,其微易散。为之于未有,治之于未乱。合抱之木,生于毫末;九层之台,起于累土;千里之行,始于足下……"后几句都是自然与社会、人生中的现象,用以论证前面说的话。七十八章:"天下莫柔弱于水,而攻坚强者莫之能胜,以其无以易之。弱之胜强,柔之胜刚……"以自然界柔弱的水作比讲坚持不懈的力量及以柔克刚的道理。这些比喻或来自人类的社会生活,或从自然界的各种现象中来,贴近生活,通俗易懂,明白晓畅,从这个角度来看,我们也可以说,《老子》就在我们身边。

《老子》一书产生了如此多的成语,充分表现老子思想的魅力,似民族血液一般成为民族文化的一部分,具有生生不息的力量;《老子》一书,有对社会生活最直接的反映,活生生的把那个时代展现在我们眼前;《老子》一书,谈论玄言哲理,阐明思想,处处以我们身边的生活、自然现象为喻,而那些现象就在我们身边,且千百年未变。因而,我们可以说,《老子》确实就在我们身边。凭此三点,当我们展读《老子》的时候,当不再把它当作"拍唱催眠之乳母",展读便酣然睡,而应认为它如母亲的乳汁,亲切温和地孕育着我们个体的生命与民族的精神。

(张芳芳)

中学生如何读《老子》

　　《老子》一书，它虽然源自于生活，是生活的反映，但它所反映的毕竟是几千年前的生活，与我们现在的生活有着较大的差异。同时，它是哲学著作，是对生活的抽象概括，要诉诸理性思维而非感性，读起来，并不像文学作品一样形象生动。因而，我们在阅读《老子》一书时，不仅有文字上的障碍，也有内容上的障碍，更有我们知识不够丰富、人生阅历不够深的障碍。有障碍，并非不可以读、不能读、读不懂，我们只要使用正确的方法，还是能读懂、读明白并且受益匪浅的。那中学生如何读《老子》呢? 我们以为要做到下面几方面:

一、读《老子》，得"不明白处且放过"

　　《老子》一书很薄，仅五千字，计八十一章，平均算下来，每章不到六十二个字，与我们读一首七言律诗或中调的词差不多。但字数少并非就容易读，就能快速理解掌握，受客观知识与人生阅历的限制，有些章节是不怎么能看明白的。面对不怎么能看明白的怎么办? 我们以为，最好的方法就是"不明白处且放过"，要敢于取舍，把暂时不能理解的先放一边。这些暂时不看的，可分为两部分:

一是全章不能理解的。字认识意思却不知道，看这东西最头疼，如六十二章："道者，万物之奥。善人之宝，不善人之所保。美言可以市尊，美行可以加人……"这一则纯为抽象的议论说理，所讲的话题与我们的生活相距较远，无论拿出几种版本的注释、翻译，都很难顺畅地理解。这样的章节我们可以权且放过，因为把它放过，并不影响我们对其它章节的理解；并且，我们读《老子》，只是对《老子》一书的思想内容稍作了解，对其精彩论述的吸收，并非对这一派哲学的研究，量力而行、适可而止应是一种正确的方法。类似这样的章节还有一些，如六章（谷神不死，是谓玄牝）、十章（载营魄抱一）、三十五章（执大象，天下往）、五十二章（天下有始，以为天下母），等等。初次阅读《老子》，必须有敢于取舍的勇气，从易处着手，不让自己在一处反复碰壁，以致丧失耐心与信心。从成年人的角度来看，中学生初读《老子》，能看明白其中的三分之一章节，已相当不错了；能看明白一半，则相当了不起了。有了这个心理准备，有了这个大胆舍弃的思想垫底，想必同学们知道如何面对《老子》，在跳过相关章节时能坦然无愧。

二是一章中有些句子能理解，有些句子不能理解的。对于能理解的句子，应调动各方面的知识经验去理解；对于暂时不能理解的句子，也应勇敢而大胆地暂时丢一边。如第四十章："反者道之动，弱者道之用。天下万物生于有，有生于无。"前两句对于初读的人来说，必是晦涩难懂，但后面两句讲"有无相生"，恰是第二章已涉及论述，却是能够理解。能理解就理解，不能明白的且放过，这是陶渊明的读书"不求甚解"法。此处不能明白，或许读完了后面的内容，综合起来就能明白；综合起来不能明白，或许随着人生阅历的增长与知识范围的拓展，自然就明白了。因而，我们以为，面对先哲的《老子》一书，在阅读时要敢于舍弃、勇于放弃一些目前对我们来说理解不了的章节与句子，这是读《老子》的第一步。

二、读《老子》，应尽量还原生活

《老子》一书中有许多难理解的章节、句子，这是事实；还有更多能够理解、充满意味的句子，这也是事实。我们从能理解的部分开始读，必能有许多收获的喜悦。或许，其中对一句两句话真正的理解品味，可以让你某一时期深受感动而努力不止，也许可以让你受用终生。那如何读呢？我们以为，必须联系生活去理解。

哲学探究的是人生的问题，它与生活相关；生活本身是哲学的基础。因此，我们读《老子》，千万不能丢开生活，"空对空"地抽象地去理解；必须联系生活，调动我们各个方面的生活经验，力争让"空"的内容变"实"，"行空"的哲学"点地"，从而让我们如阅读诗歌般地从"有限"的文字中看到"无垠"的意味。我们看《老子》第二十二章：

曲则全，枉则直，洼则盈，敝则新，少则得，多则惑。是以圣人抱一为天下式……

这一则主要阐述谦和退让。老子认为执"道"有度才合乎天道。明辨、刚直、居高、荣显、多得都是突显自我的行为，正因为过度表现自我，反而会遭非议，以至失去已经得到的东西，不能全身自保。我们丢开老子的哲学体系，就其中一句联系生活去理解，也必将大大受益。如"少则得，多则惑"一句。

世人常有种心理，好大喜功，贪多务得，甚至"以庞大认作伟大（passes off bigness for greatness）"（钱锺书《管锥编》）。"惑"是个形声字，上面的"或"是声旁，表读音；下面的"心"是形旁，表意义。同时，它也有会意的成分："或"为"或者""也许"的意思，表选择；"心"字上面一个"或"组成"惑"字，即表明当人心的选择太多时，人就容易迷"惑"！人被迷"惑"的原因在哪里？就在于选择太多了——选择太多让人迷"惑"！于是，老子从"多"与"少"的对立统一的角度提出"少则得，多则惑"。

联系生活，这句话充满哲理。人有多种感觉器官，可以互相协调一同感受这个世界，这是常人的幸福。然而各种感觉器官同时运用，各种感觉器官本身并不特别突出。同时，我们都知道，触觉与听觉敏锐者，往往是视觉有问题的人；视觉发挥到极致的人，往往是听觉有问题的人……身体有缺陷的人的因某种感觉器官存在障碍，没得选择，只能尽力使用其不存在问题的感觉器官，让它全力发挥以至极致，这即是老子所说的"少则得，多则惑"。

　　现代人是幸福的，因为物质的丰富，让我们有很大的选择空间；现代人又是不幸的，因为选择的丰富，常让我们迷"惑"。我们常羡慕古人，觉得他们悠闲自在，吟诗作赋、弹琴作画、访亲问友，很是潇洒。其实，他们的自在是在选择有限的条件下产生的。他们选择少，因而精进，因而让后人觉得高雅。从这个角度讲，这也是"少则得，多则惑"。

　　"少则得，多则惑"也可用于战争。《孙子·军争》在讲到对待敌军时说："归师勿遏，围师必阙，穷寇勿迫。"对被迫撤退的或被团团包围的或走投无路的敌军，为什么不全部歼灭、一个不剩，而必须做到"勿遏""必阙""勿迫"呢？其目的只不过是让敌军有的选择，除战死之外还有逃生的可能！有生死的选择，就不再执一于死战，就不再作困兽之斗。对战争中得优势的一方讲"少则得，多则惑"可用，对于处逆势的一方来说，也可用，如《孙子·九地》在讲到鼓舞本军士气时就说"投之亡地然后存，陷之死地然后生"——除死亡外没得选择，必然是破釜沉舟、背水一战。人的选择多了，往往容易导致三心二意，在选择时犹豫计较，表面上是留有余地，实际上常把最好的时机给耽误了。我们学习、生活中又何尝不是如此呢？难得闲暇的一个下午，又想把落下的功课补上，又想美美睡一觉，又想把错过的电视电影看一看……其结果，也许是功课未补上、觉没补好、电视电影没看上……因为有得选择，什么都想做，最终没有一件事做好了，这也是"少则得，多则惑"。

　　让自己没得选择，就是做事的执一，专注；执一、专注，贵在坚持。

坚持，执著，反复，不易（易，改变，更改），"一门深入，长时薰修"，才是做成事情的根本。老子深明此义，他在七十八章中说："天下莫柔弱于水，而攻坚强者莫之能胜，以其无以易之。"六十四章又说："慎终如始，则无败事！""柔弱"的水能攻"坚强"，所依赖的只不过"无以易之""慎终如始"而已。这于我们的工作学习，对于我们的整个人生，不是有相当的指导与警示作用吗？文化、修养、品性，有时很虚，只是几个字几句口号而已；文化、修养、品性有时又很实，只是简单的事情坚持做而已！其他的不用说，翻翻我们手中的书，大多数应是前面部分认认真真地阅读，仔仔细细地做笔记画标记，而越往后，读得越粗糙，标记越少，以至于无，这不是与老子所言之"无以易之""慎终如始"背道而驰吗？这不是他们读书的时候，读书之外还有选择，把时间精力放到其他方面去了吗？外界诱惑太多，所以难达到"终无败事"的境界！

"少则得，多则惑"，仅仅六个字，一闪眼就过去了；但联系生活去理解，它却能涉及我们生活的各个方面，甚至包括战争。如此言简意丰的句子，非得联系生活去理解不可。因而，我们必须联系生活去理解《老子》，让他的思想在我们生活的土壤中生根发芽，然后茁壮成长，然后开花结果。

三、读《老子》，必须抛开固定思维

朱光潜先生在《咬文嚼字》一文中说："一件事发生时立即使你联

想到一些套语滥调，而你也就安于套语滥调，毫不斟酌地使用它们，并且自鸣得意，这就是近代文艺心理学家们所说的'套板反应'。"生活中有"固定思维"这一说法，就如文艺中的"套板反应"一样，要引起我们足够的重视。如何突破"固定思维"的"套板"？《老子》给我们提供了许多许多可贵的例子。我们且看《老子》十一章：

> 三十辐共一毂，当其无，有车之用。埏埴以为器，当其无，有器之用。凿户牖以为室，当其无，有室之用。故有之以为利，无之以为用。

这段文字前面三句是列举生活中的例子，第四句是老子从生活事实中得出的结论。"辐"与"毂"、"埏埴以为器"，我们较为陌生，但联系注释联系生活，我们还是能明白。它讲的是车"毂"中间必须是"空"的，那三十根"辐"条才能和它对接起来成为一个整体；用陶泥做成各种陶器，所做的陶器里面必须是"空"的，才能装东西。第三个例子与我们的生活相对更贴近一点，房子是用来遮风蔽雨的，同时保护个人隐私，因而它必须用墙与屋顶包围起来；但一所房子如果四周只有"实"的墙与屋顶，连安门窗的"空"隙都没有，光线空气进不来，人也不能出入，这就不是房子了。于是老子说"有之以为利，无之以为用"——车子、器皿、房子等能够给我们提供便利，恰恰是因为其组成部分中有"无"（即"空"）的部分，不然它们就不能发挥作用。我们日常生活中，总喜欢把事物分为"有用"与"无用"两类，"有用"的东西，我们倍加重视，"无用"的东西，我们往往丢在一边不管不顾。这是一种生活的误解，这是一种偏见。

如我们在平地上画一条一尺宽的路，相信所有的人都能沿着这条路大步往前走，甚至在上面跑都没有问题；但如果把这条路抬升一米，我们要在上面走，可能就得小心翼翼，能在上面跑的人就显得特别厉害了；而如果我们把这条路抬升到五米、十米的高度，那就只有特技人员敢在上面行走、敢在上面奔跑了，一般的人站在或坐在上面，很大可能是瑟瑟发抖——因为"恐高"。为什么会"恐高"？因为这条一尺宽的路外边没有空地！我们走路，除了脚掌所踏地面之外，还必须在脚掌之外有"余地"；"余地"越宽，我们便越放心。脚掌之外的地方，似乎对于我们走路是"无用"的，其实作用特别大，特别"有用"；有"余地"，让我们心里有安全感。而我们的固定思维中，脚所踩到的地面就是"有用"的，脚掌之外的地面似乎就"无用"，这是一种错误的认识。老子的智慧，便表现在这里，他不仅看到常人所看到的"有"的作用，也看到了常人所没看到的"无"的作用，他另具一副"天眼"；他知道"有用之用"，同时也明了"无用之用"！《淮南子·说山训》中承接老子的观点，展开来说："走不以手，缚手走不能疾；飞不以尾，屈尾飞不能远。物之用者，必待不用者。"我们生活中，空闲时间之于工作，良好的人际关系之于事业，闲聊海谈之于认识……不也如此吗？邵雍《路径吟》说："面前路径无令窄，路径窄时无过客；过客无时路径荒，人间大率皆荆棘。"说的也正是这意思，这也相当于我们生活中常说的做事要"留有余地"。

再如《老子》三十三章：

> 知人者智，自知者明。胜人者有力，自胜者强。知足者富。强行者有志。不失其所者久。死而不亡者寿。

用世俗的眼光来看，能"知人"，算是够有"智"慧的了；能"胜"人，已相当了不起了。但老子不认为这是最高的境界，他以为"知人"比不上"自知"，"胜人"还不如"自胜"；"自知"的人才是真正的"明"，"自胜"的人才是真正的"强"。一般的人对于别人往往知道多多，评论起来头头是道，而落实到自己身上，却茫然一片，即俗话所说的"旁观者清，当局者迷"，钱锺书戏之曰："上阵厮杀，忘了枪法。"（《管锥编》）一个人能"自知"，有自知之明，能正确定位自己，判断自己，这比对外人的判断重要得多。常人爱与他人比，高于别人，欣喜无穷，低于别人，失落无尽，宠辱若惊。其实，一个人最应比的是自己，最应战胜的是自己；今天的我比昨天进步，明天的我弥补了今天的不足，如果能一步步克服自身的毛病，战胜了自己，战胜别人则是"自胜"后的副产品，是意料中的事。如果一个人连自身的弱点都战胜不了，而整天想着超过别人或者担心被别人超过，这样的人，必然患得患失、碌碌无为。因而，老子认为，"自知"比"知人"重要，"自胜"远远超过"胜人"，只有这样才能做到"不失其所"，才能做到"死而不亡"。

我们常谈输赢，常论胜败，都是与他人比较而言；老子论输赢谈胜败，是与自己比较而言，他突破世俗的观念，跳出了"套板"的思维，把思维向更深处推进，给我们另一片天地。这是老子的"另具只眼"，这是老子思维之开阔处！

四、读《老子》，要能分辨出其中的"风凉话"

面对连年战乱、民不聊生的社会现实，老子是愤慨的，直接加以指责揭露。他曾咬牙切齿地说："天之道，损有余而补不足。人之道则不然，损不足以奉有余。"（七十七章）揭示人世与天道相违的不公，且直言"民之饥"的原因是"以其上食税之多"（七十五章），且反问统治者："民不畏死，奈何以死惧之？"（七十四章）他的这些言论，与《诗经》中的《伐檀》《硕鼠》《苕之华》相联系，便知道老子所言确实是当时的社会情形。但在大多数情况下，老子是克制自己的热心肠的，他以冷眼观察这个世界，用"无为"的主张，用玄言清语让自己置身世外，偶尔抛出一句冷语给予讽刺。他的"冷语"力在"矫枉"，为"矫枉"他甚至不惜"过正"。于是，我们发现，老子在"矫枉过正"思想引导下的言论，有似我们平时所说的"风凉话"，虽有一定的道理，但难免有其片面、迂腐甚至矛盾处，这是我们在学习《老子》的时候不得不注意的。

(一)《老子》思想的片面处

我们且看四十七章：

> 不出户，知天下；不窥牖，见天道。其出弥远，其知弥少。是以圣
> 人不行而知，不见而名，不为而成。

"因为当时的政府不配有为，偏要有为；不配干涉，偏要干涉，所
以弄得'天下多忌讳而民弥贫；民多利器，国家滋昏；法令滋彰，盗贼多
有'"(胡适《中国哲学史大纲》)，所以老子主张"无为"，提出"少则
得，多则惑"这一说法，如前面所论，有相当的道理，但老子把这一认
知发展到极致，则显片面了。为了防"多"防"惑"，主张一味的闭关内
省，于是就与人的认知规律背道而驰。真正的智应是"博观而约取"，
应如蜜蜂一样"以兼采为味"，万不可如盲人摸象一样，摸到耳朵说像
扇子，摸到大腿说像柱子……同时真正的"知"是与"行"合一的，我们
既应"读万卷书"，也应"行万里路"，既应学书本知识，也应参与社会
实践，只有"知"与"行"合一，才能真正明了人生真谛。老子过份强调
"载营魄抱一"(十章)，强调守住所谓的本真，主张"知者不博，博者
不知"(八十一章)，必然是闭目塞耳，与世隔绝。这便是老子看问题时
强调一方面，矫枉过正所产生的片面认识。

再如面对统治者的欲望无止，在第三章中，老子说："不见可欲，
使民心不乱。"这句话看起来很有道理。"不见"，不显耀，当然引不起
人的欲望；欲望不起，民心肯定不乱。但是，此时不见"可欲"，难保他

日不见"可欲";他日见"可欲",会如何呢?清代诗人袁枚曾讲过这样一个故事:

> 五台山某禅师收一沙弥,年甫三岁,从不一下山。后十余年,禅师同弟子下山。沙弥见牛马鸡犬,皆不识也。师因指而告之曰:"此牛也……马也……鸡犬也。"沙弥唯唯。少顷,一少年女子走过,沙弥惊问:"此又是何物?"师……正色告之曰:"此名老虎,人近之者必遭咬死。……"晚间上山,师问:"汝今日在山下所见之物,可有心上思想他的否?"曰:"一切物我都不想,只想那吃人的老虎。"(转引自钱锺书《人生边上的边上》)

这个故事与西方薄伽丘《十日谈》第四日《入话》中讲的故事基本相同,只不过西方故事把"老虎"变成了"傻鹅"。这两个故事说明了什么呢?老子想让"民心不乱",治的是"标"而不是"本",他只看到了事情的一个方面。于是李渔批评说:"不见可欲使心不乱,常见可欲亦能使心不乱。何也?人能屏绝嗜欲,使声色货利不至于前,则诱我者不至,我自不为人诱。——苟非入山逃俗,能若是乎?使终日不见可欲而遇之一旦,其心之乱也十倍于常见可欲之人,不如日在可欲中与此辈习处,则司空见惯浑闲事矣,心之不乱不大异于不见可欲而忽见可欲之人哉!"且断言曰:"老子之学,避世无为之学也;笠翁之学,家居有事之学也。"于是,严复评点《老子》十九章(绝圣弃知,民利百倍)时云:"非洲驼鸟之被逐而无复之也,则埋其头目于沙,以不见害者为无害。老氏'绝学'之道,岂异此乎!"这是老子力图"矫枉"而"过正"所造成的片面,我们读时,不得不加以注意。

(二)《老子》思想的腐朽处

老子时代,淳朴本真渐失,崇尚智谋,奸诈日出,出于对人淳朴本性的保持,老子反智,以致提出愚民思想,以愚民术治国治民,便见出其思想迂腐的方面了。如六十五章言:

> 古之善为道者,非以明民,将以愚之。民之难治,以其智多。故以智治国,国之贼;不以智治国,国之福。

他以为,百姓难治,就因为百姓有知识有智慧(智慧出,有大伪);有自己的认识与看法,于是难以统一将令,完全服从;所以得"绝圣弃智",这样就能"民利百倍"(十九章)。这种思想为韩非所用,于是李斯主政秦国之时,愚民政策发展到极点,便有了"焚书坑儒"这一倒退的政策;而所焚之书,也包括了道家之《老子》与法家之《韩非子》,这似乎是历史给老子、韩非子开的一个大大的玩笑。

老子还主张复古,回复到原始的状态中去。如八十章云:

> 小国寡民,使有什伯人之器而不用,使民重死而不远徙。虽有舟舆,无所乘之;虽有甲兵,无所陈之;使人复结绳而用之。甘其食,美其服,安其居,乐其俗。邻国相望,鸡犬之声相闻,民至老死不相往来。

"重死不远徙"是固守一地,对外界毫无兴趣,毫无开拓意识;"有什伯人之器而不用""虽有舟舆，无所乘之""复结绳而用之"，是历史的倒退，是害怕发展；"邻国相望，鸡犬之声相闻，民至老死不相往来"，是弃绝一切交流，是心如死灰形似槁木。很明显，这一思想腐朽落后，与当时及后世及现在，一直格格不入。而如果"有什伯人之器而不用""复结绳而用"，如何能真正使百姓"甘其食，美其服，安其居，乐其俗"呢？其腐朽落后不辩自明。这又是老子"矫枉过正"所付出的代价。

（三）《老子》思想的矛盾处

老子善用辩证法，知"有无相生"，然提出"不见可欲使心不乱"，也是只知其一不知其二，与其辩证法自相矛盾，背道而驰。在老子的思想体系中，其矛盾处不仅在此一处而是多有存在，我们看《老子》第二章：

> 天下皆知美之为美，斯恶已；皆知善之为善，斯不善已。有无相生，难易相成，长短相形，高下相倾，音声相和，前后相随……

知道"美"之所以为美，自然就知道什么是"恶"，自然就能区分"美""恶"；知道"善"之所以为善，当然就知道什么叫"不善"，自然就能把"善"与"不善"区别开来。然老子的认识却不仅于此，他还有更深的一层认识：知道"美""恶"、"善""不善"的区别，便有了"美""恶"、"善""不善"的标准，有了标准，就一定会把事物区别对待，而自然界的万事万物如"有无""难易""长短"等是相辅相成的不可分开的，人为划分就有违自然之道。因而，老子不仅认为"知美则别有恶在，知善则别有不善在"且进一步认为"知美'斯'即是恶，知善‘斯’即非善”，他"欲息弃美善之知，大而化之"。（钱锺书《管锥编》）他要泯灭掉事物之间的区别，把万事万物同一对待。然而老子真能"绝对待而泯区别"？《老子》十二章说："是以圣人为腹不为目，故去彼取此。"三十八章曰："大丈夫处其厚不居其薄，处其实不居其华，故去彼取此。""去彼取此"，不是对事物也进行了区别，有所选择，不能一视同仁？此又是"上阵厮杀，忘了枪法"的例子！我们可以以老子之矛攻老子之盾了。

又如老子说"知者不言，言者不知"（五十六章），主张"无言"，而老子却写出五千言的《老子》，难怪乎白易居《读〈老子〉》云："言者不知知者默，此语吾闻于老君；若道老君是知者，缘何自著《五千文》？"道不可言，言满天下仍无言；道常无为，无所不为而仍无为——这又是老子所言与所行的矛盾处。再如《老子》十三章曰："及吾无身，吾有何患？"似乎弃"身"如草芥，断然而绝然。然第七章曰"外其身而身存"、第四十四章曰"名与身孰亲"、第五十二章曰"无遗身殃"——把"身"看得格外重，为保"身"而想尽一切办法。老子行文之时，浑然没注意到前后的矛盾之处。大概身欲求存、知而欲言，这是人的真实的想法、确切的需要，而弃诸身体、智而无言，这是玄言高论、理想状态；老子既知身体之重要、表达之需要，却又不肯抛弃他的玄言高论，不肯让他的高论接地气，只好让虚渺的高论与实在的人情相互委蛇，浑然不觉其本身的存在的矛盾了。这也是老子"冷眼"视人观物"矫枉过正"所付出的代价吧。

中国古代文字的书写，是由右到左竖条排列，因而我们在读的时候，由上往下看，形态上像在不住的点头。我们现在的书写习惯，是由左往右书，这是近代向西方学习的结果；因为是横排排列，由左到右，我们读的时候，形态上像是在不住地摇头。于是有人调侃说：读中国古书，或者中国古人读书，只知道点头称是，没有任何批判精神，只知道做"唯唯诺诺汉"（yes-man）、"颔颐点头人"（nod-guy）；而西方人读书，却不停地摇头，对书中的内容会思考，会否定，具有批判精神。这当然是调侃，但调侃中也向我们提示，我们读书的时候，要批判地吸收其中的内容，不能全盘如"点头虫"般地接受，我们必须有批判精神。这种批判精神不仅对一般的作品需要，即使对于流传千百年的传世经典，也需要有批判精神。批判吸收是我们继承学习与发扬必备的素质。《老子》一书中有许多观点是他有意"矫枉过正"而发表的"冷语"，有其历史原因，但我们在阅读时，更应有批评的精神，用自己的思维找出他思想的片面、腐朽与矛盾的地方，这才是读《老子》所必须具有的方法态度。

（程秀全）

—